CONGRÈS
des Professeurs des Lycées

PREMIÈRE SÉANCE

Jeudi soir 20 avril *(Salle des Fêtes du Lycé Louis-le-Grand)*

Ouverture de la séance. — La séance est ouverte à 2 h.1/2, sous la présidence de M. Zivy (Douai), président du Comité d'organisation.

M. Zivy prie l'Assemblée de nommer son bureau. Au nom du Comité, il propose à l'Assemblée de désigner M Moniot (Janson de Sailly) comme président, MM. Fedel (Rollin) et Morizet (Nancy) comme assesseurs

MM. Rodrigues (Amiens) et Pradines (Montluçon) s'opposent vivement à cette proposition Il ne faut pas imposer de liste à l'Assemblée.

Election du bureau. — L'Assemblée consultée adopte la proposition de M. Zivy par 1.917 voix contre 330. (chiffres rectifiés). Ont voté contre : MM. Subur (158 v.), Rodrigues (30 v.), Feignoux (25), Pradines (87), Fallex (30). En conséquence, MM. Moniot, Fedel et Morizet prennent place au bureau.

Allocution du Président. — En prenant possession de son siège, M. Moniot déclare qu'il n'accepte la présidence qu'à la condition que l'ordre des délibérations ne sera pas troublé. Il assurera la liberté de la tribune, mais réprimera énergiquement toute tentative d'obstruction : il importe au bon renom de l'enseignement secondaire que les débats restent calmes et dignes. (Applaudissements.)

Principe d'une fédération des professeurs. — Le Président prie ensuite l'Assemblée de discuter la première question qui a a été mise à l'ordre du jour : *Y a-t-il lieu d'établir
une fédération des professeurs ?* Il donne lecture du projet de
resolution adopte par le Comite. Ce projet est ainsi conçu :
*Le Congrès vote le principe d'une fédération des professeurs
ouverte aux lycées et collèges d'hommes et de femmes, et ajourne
la discussion des statuts de la fédération jusqu'à la réception
de la réponse des professeurs de collège et des professeurs des
établissements de jeunes filles.*

M. Navarre (Grenoble) défend ce projet de résolution : il n'y
a aucune opposition d'intérêts entre ces 3 groupes de professeurs. Leur union est à désirer.

M. Pradines voudrait que l'on discutât le principe d'une
fédération avec les répétiteurs.

Le Président fait observer que les répétiteurs délibèrent
précisément sur ce principe. Il faut attendre leur décision : on
ne peut disposer d'eux sans leur aveu.

A une très forte majorité le projet du Comité est adopté.

Professeurs adjoints et récréations d'interclasse. —
En attendant la réponse des professeurs de collèges et des professeurs des etablissements de jeunes filles, le président déclare
ouverte la discussion des rapports de MM. Zivy et Mathiez
(Caen) sur les *professeurs adjoints et les récréations dites
d'interclasse.*

M. Morel (Lakanal) demande qu'on attende que les professeurs de collège et les repetiteurs soient presents pour qu'on
puisse discuter avec eux une question de cette nature, sur
laquelle ils peuvent mieux que personne donner des renseignements.

L'Assemblée décide de passer immédiatement à la discussion
de ces rapports.

M. Zivy a la parole. Il développe les conclusions de son rapport. Il rappelle l'enquête parlementaire dirigée par M Ribot:
Le principal point sur lequel avaient porte les critiques de la
commission d'enquête était la prétendue insuffisance de l'éducation donnée dans les lycées et les collèges. Il ne croit pas
que, si cette éducation était vraiment insuffisante, l'introduction d'un élément nouveau, en partie recruté parmi d'anciens
sous officiers, soit de nature à l'avoir beaucoup ameliorée :
l'institution des surveillants d'internat peut, au contraire, avoir

Éditions à la " Solidarité "

PROCÈS-VERBAUX

des

CONGRÈS

de l'Enseignement Secondaire

DES 20-22 AVRIL 1905

PRIX : **1** franc

LE MANS
IMPRIMERIE COOPÉRATIVE OUVRIÈRE
2, Rue du Greffier

PARIS
LIBRAIRIE FELIX SAGERET
Rue Rod er, 59

1905

Éditions à la " Solidarité "

PROCÈS-VERBAUX

des

CONGRÈS

de l'Enseignement Secondaire

DES 20-22 AVRIL 1905

PRIX : **1** franc

LE MANS
IMPRIMERIE COOPÉRATIVE OUVRIÈRE
2, Rue du Greffier

PARIS
LIBRAIRIE FELIX SAGERET
Rue Rodier, 59

1905

une fâcheuse influence sur l'éducation des internes. — Toujours sous prétexte d'améliorer l'éducation, on a introduit aussi les répétiteurs dans l'enseignement. On n'a fait par là qu'imiter purement et simplement les méthodes congréganistes dont on a dit à tort que la valeur éducative etait supérieure ; et on n'a abouti qu'à diminuer l'indépendance des professeurs. En conséquence, M. Zivy demande que l'enseignement et la surveillance soient nettement séparés, pour que la division du travail puisse se faire dans les meilleures conditions possibles.

M. Mathiez donne lecture des considérants qui précèdent la proposition qu'il a rédigee.

M. Canat demande à insister sur les conclusions des deux rapports et sur les considérants dont elles sont précédées. Il croit qu'il est nécessaire de faire connaître sans plus tarder l'opinion du corps des professeurs sur cette double question. Cette opinion est analogue à celle qui a été émise dans le rapport de M. Simyan, député, qui a toujours defendu les interêts des professeurs avec le plus grand dévouement. A son avis, l'autonomie des lycées, en dépit des conclusions nécessairement optimistes qu'on a déjà pretendu tirer d'une courte expérience, a été désastreuse pour les études et pour les professeurs. Cette autonomie a pour conséquences nécessaires : 1º le morcellement à l'infini de l'enseignement, qui resulte de la suppression des postes ; 2º la lenteur de l'avancement, qui est arrête par les professeurs adjoints ; 3º la difficulté d'obtenir les mutations que l'on demande pour des raisons de convenance personnelle.

M. Pradines regrette que l'ordre du jour proposé par la Commission mette en question l'existence même du professorat-adjoint. C'est là une resolution très grave qu'on demande à l'Assemblée de prendre à la légère. Passant à l'examen des considérations qu'on fait valoir à l'appui de cette mesure, il constate que les arguments de M. Canat diffèrent de ceux de MM. Zivy et Mathiez. Les considérants developpés dans le projet de résolution lui semblent inadmissibles : le rapporteur reproche aux promoteurs de la réforme d'avoir emprunté à l'enseignement congreganiste le principe de la fusion de l'enseignement et de l'education. Cet argument ne paraît pas sérieux à M. Pradines. En réalité la question est purement pécuniaire, comme cela semble résulter de l'argumentation de M Canat. Pourquoi dès lors ne pas essayer de s'entendre avec les répétiteurs ? On pourrait trouver un moyen de compenser la suppression des heures supplémentaires. Il n'en connaît pas, n'ayant pas étudié la question, mais il est persuadé qu'on en trouverait. D'une manière générale, il juge l'ensemble des considérants fort maladroit Pour terminer, M. Pradines se demande quels arguments on peut bien invoquer pour refuser aux répétiteurs le droit de faire 2 heures d'enseignement magistral.

Le PRÉSIDENT fait observer que les répétiteurs demandent à faire un maximum de 3 heures d'enseignement payees : mais le nombre des heures d'enseignement non payées, comptant comme heures de service peut être beaucoup plus élevé

M. MATHIEZ répond aux objections de M. Pradines. Il s'étonne que M. Pradines n'attribue aux professeurs d'autres préoccupations que des preoccupations intéressées. Il s'agit avant tout de l'intérêt de l'enseignement. Il est aisé de voir (article de la *Justice universitaire*, rapport de M Raiberti) que l'on cherche dans certains milieux à établir une fusion complète entre l'enseignement et la surveillance. Cette fusion abaissera nécessairement la valeur de l'enseignement. S c'est là ce qu'on appelle une réforme democratique, il est aisé de voir de quel côté sont les véritables amis de la démocratie. Quant à l'organisation matérielle, il montre que pour pouvoir appliquer le nouveau système, on est obligé d'établir les horaires les plus singuliers. C'est ainsi qu'à Alençon on sera forcé de faire des classes le jeudi.

M. ZIVY répond également aux objections de M. Pradines. M. Pradines paraît croire que la question pécuniaire a eu une importance capitale aux yeux des rapporteurs. Elle en a si peu qu'ils souhaitent vivement la suppression des heures supplémentaires. Ce qui les a surtout préoccupes c'est l'intérêt des études. Or les études souffriraient nécessairement de la confusion des fonctions d'enseignement et de surveillance qui doivent rester séparées en vertu du principe de la division du travail. Au reste, les auteurs de la réforme sont loin d'être les membres les plus libéraux et les plus sûrs du parti républicain.

M. BLUM accepte l'ordre du jour Zivy-Mathiez. Il regrette seulement que les considérants fassent allusion au rapport de la commission d'enquête parlementaire qui est dans certains milieux politiques l'objet d'un véritable fetichisme. Il pense

que si les heures supplémentaires continuent à être payées au
taux actuel, on n'obtiendra jamais la création de chaires nouvelles, lorsque le régime de l'autonomie aura été étendu à tous
les lycées. On n'a qu'à voir ce qui se passe dans les lycées où
ce régime est déjà en vigueur : les proviseurs, préoccupés
avant tout de boucler leur budget, sont obligés de multiplier
les heures supplémentaires, parce qu'elles coûtent moins que
les heures d'un service régulier Il montre le danger que
constitue pour l'enseignement et pour les intérêts professionnels du corps enseignant l'augmentation croissante du nombre
des heures supplémentaires. La création de 28 chaires à Paris
et de 62 en province ferait disparaître celles de ces heures qui
peuvent être supprimées sans inconvénient. Il en resterait
encore un certain nombre En vertu d'un principe bien connu
qui ne souffre pas que le travail extraordinaire soit moins bien
rémunéré que le travail ordinaire, ces heures devraient être
payées au taux du traitement normal moyen, c'est-à-dire à
raison de 375 francs à Paris et de 250 en province. Cette solution, déjà indiquée dans le rapport de M. Simyan, mettrait fin
à la crise de l'enseignement secondaire. En effet, la création
des chaires nouvelles, qui résulterait nécessairement de l'augmentation du taux des heures supplémentaires, assurerait
l'avancement des professeurs de province sur Paris, des professeurs des petites villes sur les grandes, des professeurs de
collège dans les chaires de chargés de cours, des répétiteurs
dans les chaires de professeurs de collège. Ainsi l'encombre-
ment dont souffre l'avancement de tous les fonctionnaires de
l'enseignement secondaire disparaîtrait et ne se reproduirait
plus

M. Girod (Rouen) fait observer que M Blum a eu raison de
faire des exceptions pour certaines heures supplémentaires :
quelques unes de ces heures, en particulier celles qui sont con-
sacrées aux interrogations, ne peuvent être absorbées par les
chaires nouvelles.

M. le Président fait observer que la commission avait
approuve et adopté d'abord le projet de M. Blum. Si elle l'avait
ensuite écarté, ce n'était que par mesure d'opportunité. Rien ne
s'oppose à ce qu'il soit repris.

M. Rodrigues pense que les considérants de l'ordre du jour
Zivy-Mathiez sont trop violents et trop remplis de maladresses.
Abordant le fond même de la question, il essaie de montrer
qu'il est dangereux d'entrer en lutte contre le Parlement qui

paraît tenir à l'extension du professorat-adjoint. Il est certain d'ailleurs que la pensée du Parlement a été mal interprétée par la direction de l'enseignement secondaire qui a substitué un professorat-adjoint *autonome* à un professorat-adjoint *auxiliaire* « L'administration, dit M. Rodrigues, comme tous les patrons. a cherché à diviser les ouvriers » ; « elle a créé deux classes de fonctionnaires qu'elle a armées l'une contre l'autre. » Il dépend des professeurs de mettre fin à cette division. C'est pourquoi M. Rodrigues demande que la question du professorat-adjoint soit portée par une décision de l'Assemblée à l'ordre du jour du Congrès de la fédération nationale qui doit se réunir le lendemain.

A la demande de plusieurs membres, la clôture de la discussion est mise aux voix. La clôture est prononcée.

Le Président prévient l'Assemblee que le Comité demande une suspension de séance pour modifier sur plusieurs points la rédaction des considérants. Il prie en conséquence l'Assemblée de suspendre ses délibérations pendant vingt minutes. Cette proposition est adoptée.

A la reprise de la séance, le Président donne lecture du projet de résolution. tel qu'il a été rédigé à nouveau par le Comité.

Projet de résolution

Le Congrès des professeurs de Lycée,

Considérant que l'organisation du professorat-adjoint qui consiste à confier un enseignement régulier à des fonctionnaires qui ne sont ni professeurs, nichargés de cours, menace gravement :

1° La valeur même de l'enseignement ;

2° L'avancement de toutes les classes de fonctionnaires de l'enseignement secondaire;

3° Et que par-là même, loin de mettre fin à la crise de l'enseignement secondaire, elle risque de l'aggraver, en provoquant à la fois l'inquiétude du personnel enseignant et les réclamations des familles ;

Est d'avis :

1° Que l'enseignement ne doit être confié qu'à des professeurs titulaires ou à des chargés de cours;

2° Qu'aucune chaire existante ne doit être divisée en heures supplémentaires ou enseignements de professeurs-adjoints ;

3° Qu'aucun service étranger à l'enseignement magistral ne doit éter imposé aux professeurs :

4° Que les heures supplémentaires doivent être rétribuées d'après un tarif uniforme calculé sur le taux du traitement normal moyen, et doivent être en conséquence payées 37. francs à Paris et 250 en province.

M. Pradines donne lecture d'un contre-projet qui porte aussi la signature de M. Rodrigues, et qui est ainsi conçu :

Le Congrès des professeurs de Lycée.

Considérant :

1° Que les répétiteurs, ayant souvent les mêmes titres que les professeurs, ne peuvent être regardés en principe comme indignes de donner l'enseignement et qu'ils ont au contraire le droit de demander à y être associés ; que ce que les licenciés et bacheliers enseignent totalement dans les collèges comme professeurs, ils ne l'enseignent du reste que fragmentairement dans les lycées comme professeurs-adjoints ; et qu'il est juste de donner aux familles le sentiment que ceux qui surveillent leurs enfants sont capables de les instruire ;

2° Que les intérêts des professeurs et des répétiteurs ne sont opposés qu'en apparence :

Décide :

De nommer une commission qui aura pour mandat de cnercher avec les délégués des répétiteurs un terrain d'entente pour la discussion des intérêts des deux groupes.

M. Rodrigues appuie ce contre-projet.

M. Mathiez demande que les décisions qu'on va prendre soient soumises au referendum. Cette proposition est repoussée

M. Henri Bernès fait observer que le § 3 est inutile puisque la question des récréations d'interclasse, auxquelles ce paragraphe fait allusion, doit faire l'objet d'un rapport spécial.

M. Zivy réfute l'objection de M. H. Bernès; ce paragraphe ne fait pas seulement allusion aux récréations d'interclasse. Il vise aussi les surveillances d'études ou tel autre service analogue qu'on pourrait être tenté d'imposer aux professeurs.

La priorité est demandée pour le projet de la Commission. La priorité est mise aux voix et votée par une forte majorité.

La discussion générale ayant été déclarée close par un vote antérieur, le Président déclare que la discussion sur chaque article est ouverte.

Les trois considérants sont adoptés à mains levées.

L'article 1er des conclusions est adopté à une forte majorité ; l'article 2 est adopté à l'unanimité.

Sur l'article 3, M. Zivy, reprenant son argumentation précédente, montre qu'il est nécessaire que la redaction de la Commission soit maintenue Il demande qu'on précise les intentions du Congrès en ajoutant au projet de résolution deux vœux supplémentaires dont il donne lecture,

Le Congrès émet le vœu.

1° Qu'il soit créé des chaires nouvelles, partout où le nombre d'heures d'un même enseignement, réparties entre plusieurs professeurs suffit à un service complet;

2° Qu'aucun licencié ne puisse être nommé directement chargé de cours dans un lycée sans avoir au préalable exercé les fonctions de professeur de collège et pris rang dans le personnel des collèges, sauf le cas où le licencié aura été admissible à l'agrégation ou possédera le titre de docteur ès-sciences ou ès-lettres.

La première partie de ce vœu est mise aux voix et adoptée à une forte majorité.

M. Pradines demande qu'on ajoute à la 2ᵉ partie une disposition particulière, destinée à sauvegarder les droits acquis.

Il donne lecture de cette disposition qui est ainsi conçue :

« Afin de ménager les droits des répétiteurs en fonctions, cette mesure ne sera applicable que dans un delai de 5 années. »

La proposition Pradines est mise aux voix et repoussée.

La 2ᵉ partie du vœu Zivy est adopté.

Le § 4 des conclusions de la Commission est adopté à l'unanimité.

Avant de procéder au vote sur l'ensemble, le Président fait remarquer à l'Assemblée qu'il serait désirable pour bien fixer l'opinion des associations amicales représentées dans le Congrès que le vote eût lieu par délégation. Il prie donc les délégués de voter pour le projet du Comité, tel qu'il a été adopté à mains levées ou pour le contre-projet Pradines.

Le vote donne les résultats suivants :

Ordre du jour Pradines

Amiens (Rodrigues) 30
Condorcet (Berthet) 14
Rollin (Fedel) 8
Lakanal (H. Bernès, Morel) 22
Brest (H. Bernes) 48
Fédér. Lyonnaise (Sueur) 136
Louis-le-Grand (M. Bernés) 40
Montluçon { (Pradines) (Feignoux) } 25
Féd. de Clermont (Pradines) 87
Mont-de-Marsan (Larroquette) 3
____
413

Ordre du jour du Comité

Féd. de Grenoble (Navarre) 102
Féd. de Caen (Mathiez) 105
La Flèche (Jacquet) 30
Féd. de Montpellier (Buchenaud) 93
Poitiers (Garnier) 28
Reims (Van Tieghen) 27
Cahors (Vidal) 20
Foix (Morère) 23
Mont de-Marsan (Larroquette) 17
Carcassonne (Santiaggi) 24
Janson de-Sailly (Moniot) 76
Rollin (Fedel) 46
Nancy (Morizet) 73
Bordeaux (Peyrot) 78
Tours (Levy) 30
Rochefort (Levy) 31
Angoulème (Levy) 27
La Roche-sur-Yon (Levy) 18
Nantes (Petitot) 59
Roanne (Sueur) 22

Beauvais (Bisson) 23
Le Havre (Enoch) 29
Clermont (Lerouge) 35
Châteauroux (Stavlaux) 22
Marseille (Girbal) 75
Bourg (Bardin) 22
Tourcoing (de la Ruelle) 21
Charlemagne (Perris) 36
Féd. de Dijon (Pasquier) 132
Carnot (Bernès) 30
Oran (Bernès) 43
Alger (Bernès) 66
Valenciennes (Zivy) 23
St-Omer (Zivy) 20
Charleville (Zivy) 21
Mâcon (Zivy) 7
Vesoul (Zivy) 23
Rouen (Girod) 53
Lille (Mineur) 42
Chartres (Nouvel) 25
Saint Quentin (Cordier) 21
Coutances (Robineau) 18
Rodez (Rivière) 20
Lons-le-Saunier (Mairey) 18
Douai (Lefebvre) 26
Condorcet (Berthet) 22
La Rochelle (Marc) 23
Toulouse (Guignebert) 53
Albi (Guignebert) 20
Montauban (Guignebert) 24
Tarbes (Guignebert) 24
Féd. de Rennes (Canat) 164
(moins Nantes)
____
2132

Récréations d'interclasse. — L'ordre du jour appelle ensuite la discussion du rapport de M. Mathiez sur les récréations d'interclasse.

M. MATHIEZ donne lecture des conclusions de son rapport sur ces récréations.

Cette lecture et les considérations dont M. Mathiez la fait suivre donnent lieu à de vives interruptions.

M. RODRIGUES est rappelé à l'ordre.

M. MATHIEZ declare qu'il renonce à prendre la parole, s'il peut obtenir sur cette question l'assentiment unanime de l'Assemblée. Il espère que l'accord de tous les congressistes pourra se faire sur cette question.

M. PRADINES déclare qu'il se propose de combattre les conclusions du rapport ds M. Mathiez.

M. le PRÉSIDENT fait observer qu'on peut fort bien se dispenser de traiter cette question, etant donné que le texte de l'article 3 du projet qu'on vient d'adopter tout à l'heure est plus géneral que les conclusions du rapport spécial de M. Mathiez sur les récréations d'interclasse.

MM. PRADINES et Emile MOREL protestent énergiquement, réclament la discussion immédiate, et demandent que leur protestation soit insérée au procès-verbal.

Adhésion des jeunes filles. — A ce moment le PRÉSIDENT interrompt la discussion pour donner la parole à Mme VIMEUX qui demande à être entendue.

Mme VIMEUX donne lecture de l'ordre du jour suivant qui a été adopte par l'Assemblée feminine :

L'Assemblée féminine émet le vœu que tout le personnel féminin, professeurs et répétitrices, fasse une seule section avec les professeurs de lycée sans préjuger de la décision des professeurs de collége.

M. NAVARRE tient dès maintenant à faire des réserves sur ce texte.

Mme VIMEUX demande une reponse ferme.

MM. LÉVY et CANAT ne sont pas opposés à l'admission des répétitrices, étant donné que si le mot de répétitrice est le féminin de répétiteur, la situation des répétitrices ne saurait être en aucune façon assimilée à celle des répetiteurs.

Réponse des collèges. — A ce moment, M. BARTHÉLÉMY (Epernay), délégue du Congrès des collèges, vient déclarer à l'Assemblée que la fédération des collèges s'est prononcée pour le principe de la séparation des deux fédérations des lycées et des collèges, en réservant l'union des bureaux en vue d'une action commune. Il déclare que le C.ngrès des collèges a retenu pour l'ordre du jour du Congrès général les deux questions suivantes : maximum de stage dans chaque classe ; abolition des délégués non classés dans l'ordre où ils devraient l'être d'après leurs grades.

M. NAVARRE prend acte des declarations de M. Barthélémy. Il espère que cette juxtaposition des 2 Congrès des lycées et des collèges fei a place à l'union parfaite.

M. CANAT se félicite de la résolution du Congrès des collèges qui lui donne satisfaction ; elle est en effet conforme de tous points à l'ordre du jour qu'il soumit après le Congrès de janvier à un referendum général.

M. LÉVY (Auxerre) constate que beaucoup de fédérations régionales de collège; auraient voulu aboutir à une fusion complète.

En raison de l'heure avancée, le président renvoie la discussion au lendemain vendredi à 9 heures du matin.

La séance est levée à 6 heures et demie.

2ᵉ SÉANCE
Vendredi matin 21 avril

Récréations d'interclasse. — La séance est ouverte à 9 heures 1/2 sous la présidence de M. MONIOT, assisté de MM. Morizet et Fedel.

M. MATHIEZ reprend le commentaire de son rapport sur les récréations d'interclasse. 1° Il se demande tout d'abord si l'obligation nouvelle qu'on a voulu imposer aux professeurs est legale, et il constate qu'il n'y a aucun texte législatif qui permette de la considérer comme telle. Le ministre lui-même s'est contente de déclarer qu'il était souhaitable que les professeurs voulussent bien se charger de ces récréations. Certains recteurs ont cru pouvoir transformer ces invitations en ordres formels, sans qu'ils aient d'ailleurs jugé à propos de procéder en pareils cas par des mesures générales. Le Conseil d'Etat a été saisi de la question. Mais il paraît diffi-

cile qu'il puisse se prononcer, du moment qu'il ne se trouvera
pas en présence d'un ordre ministériel 2° M. MATHIEZ se
demande ensuite si cette obligation nouvelle est aussi insigni-
fiante que veut bien le dire la direction de l'enseignement
secondaire. Il lui est impossible d'être là-dessus du même avis
que cette direction. Quoique la responsabilité de l'Etat soit
engagée en cas d'accident en vertu de la loi de 1899, cette responsabilité n'exclut nullement celle des professeurs. Une circulaire récente de M Bienvenu-Martin dissipe tous les doutes
qui pourraient subsister à cet égard. Il y a toujours une enquête
destinée à fixer les responsabilités. Or on sait combien les
accidents deviennent fréquents depuis l'importation des jeux
anglais. Au reste, en raison des perpétuels changements et
des mouvements nécessités par les classes d'une heure. il serait
à peu près impossible aux professeurs de diriger ces mouvements, et en cas de récréation commune, il serait bien difficile
de fixer ou de répartir la responsabilité juridique. 3° Quels sont
les moyens pratiques que l'on peut employer pour resoudre
cette question ? M. MATHIEZ. sans examiner à fond la question,
ne pense pas qu'on doive avoir recours aux surveillants
d'internat, comme le proposent les professeurs du Mans. Il
faut se garder de demander qu'on prenne des mesures qui
auraient pour résultat infaillible de consolider le professorat-
adjoint. Peut-être la meilleure solution, à laquelle les répétiteurs trouveraient leur compte comme les professeurs, consis-
terait elle à supprimer les classes d'une heure.

M. MATHIEZ après avoir exposé l'état de la question, donne
lecture d'un vœu ainsi conçu :

Le Congrès

*Considérant que la surveillance des récréations d'interclasse n'est
qu'un acheminement vers la confusion des fonctions d'enseignement
et de surveillance. signale au r pouvoirs publics les dangers graves
que présenterait cette réforme, (qui porterait à la valeur de l'enseignement et par suite à la démocratie le préjudice le plus consi-
dérable.)*

*Considérant d'autre part que la surveillance qu'on voudrait exi
ger des professeurs contre tout droit est, suivant l'expression de
M. le Ministre de l'Instruction publique (Officiel du 7 Mars), « une
besogne subalterne, ingrate et pénible », qui ne se justifie par aucune nécessité et ne présente aucun avantage sérieux, mais qui
soulève au contraire les objections les plus graves et est même à peu
près impraticable ;*

Considérant enfin qu'elle fait reposer sur les professeurs une responsabilité juridique dont ils étaient exempts jusqu'ici et qu'elle tend à détruire le contrat tacite et le contrat écrit qui les lient à l'Université:

Est d'avis :

Que la surveillance des récréations ne saurait-être confié aux professeurs parce qu'elle est étrangère à l'essence même de leurs fonctions, et donne plein pouvoir aux bureaux de la Fédération pour faire toutes démarches de nature à obtenir satisfaction conformément aux conclusions du projet rapport.

M. RODRIGUES propose la suppression de la fin du 1ᵉʳ considérant qui lui paraît au moins inopportune.

M. GARNIER propose une autre rédaction ainsi concue :

Le Congrès considérant que la question de la surveillance des récréations d'interclasse est d'une actualité pressante, et doit faire l'objet d'une délibération spéciale ;

Que cette surveillance constitue le premier pas vers la confusion des fonctions d'enseignement et de surveillance, confusion contraire au statut fondamental des professeurs, établi par les arrêtés consulaires des 19 frimaire et 21 prairial an XI ;, que cette surveillance s'exerce dans des conditions matérielles qui la rendent à peu près impossible ; que néanmoins elle fait porter sur les professeurs une responsabilité juridique dont ils étaient exempts jusqu'ici ; que de toutes façons elle est donc contraire au quasi-contrat qui les lie à l'université ;

Charge son bureau de faire auprès des pouvoirs publics les démarches nécessaires pour faire rapporter cette innovation.

M. EMILE-MOREL demande que l'on confie les récréations aux surveillants d'internat.

M. BLUM montre les difficultés pratiques de cette solution.

M. le PRÉSIDENT déclare que le Comité consent à supprimer le membre de phrase critiqué par M. Rodrigues,

M. GARNIER se rallie au texte de la commission ainsi modifié.

Le président met aux voix l'article 1ᵉʳ des considérants ainsi modifiés. Cet article est adopté à mains levées par l'unanimité des membres présents, moins 6 abtentions et une voix contraire.

L'article 2 est adopté par l'unanimité des votants, moins 7 voix.

L'article 3 est adopte par l'unanimite des votants, moins 1 voix contraire et 6 abstentions.

La résolution elle même est adoptée par l'unanimité des

votants, moins cinq voix. Ces voix sont celles de MM. Rodrigues (30 voix), E. Morel (11), Pradines (87), Feignoux 25), Tery (10). Ces cinq délégués représentent 163 professeurs

L'ensemble est adopté par l'unanimité des votants, moins les voix des mêmes délégués.

Fédération avec les autres sections. — Le Président expose la question de la fédération avec les autres sections, telle qu'elle resulte des déclarations faites la veille par Mlle Vimeux et M. Barthélemy à la fin de la séance.

Après plusieurs observations de MM. Sueur (féder. lyonn). Steck (Gren.). Marc (La Rochelle). Mlle Leroux fait connaître à l'assemblée que le Congrès des professeurs femmes a bien décidé de s'unir aux professeurs des lycées de garçons, mais que les professeurs-femmes sont encore divisées sur la question de savoir ce qu'elles feraient si les professeurs de lycées de garçons refusaient de recevoir les répétitrices. Au reste Mlle Leroux tient à déclarer que le conflit qui existe entre professeurs et répétiteurs n'existe pas entre professeurs-femmes et répétitrices, la situation n'etant pas analogue.

M. Buchenaud (Montpellier) s'efforce de montrer qu'il est impossible d'assimiler les répétiteurs et les répétitrices. La ressemblance qui existe entre ces deux catégories de fonctionnaires n'est qu'une ressemblance de nom.

M. Navarre, consentirait à l'admission des répétitrices, si cette admission ne devait pas être un acheminement à l'admission des répétiteurs.

M. Girod (Rouen) développe une proposition destinée à ouvrir aux répétitrices le Congrès des professeurs.

M. Peyrot fait observerver que certaines répétitrices font partie d'une association d s répétiteurs.

Mlle Leroux ne nie pas qu'un conflit ne puisse exister un jour entre les deux catégories du personnel féminin ; mais actuellement ce conflit n'existe pas.

M. Lévy constate que ces deux catégories sont parfois désunies ; les déclarations de Mme Vimeux est celles de Mlle Leroux montrent assez la possibilité de cette désunion.

M. Monin (Rollin) pense qu'on peut accepter les répétitrices. Il déclare que leur admission doit constituer un précédent pour l'admission des répétiteurs.

M. Van Tieghen (Reims) croit qu'il est adroit d'admettre les répétitrices : on montrera par là qu'il n'y a pas d'hostilité à l'égard des répétiteurs.

M. STECK propose la disjonction de la résolution de Mme Vimeux.

La disjonction étant de droit, la première partie de cette réso ution (admission des professeurs de lycée et de collège de jeunes filles) est mise aux voix. Elle est adoptee à l'unanimité;

Le vote par mandats est demande sur la 2ᵉ partie (admission des répetitrices).

Cette admission est votée par 1,131 voix contre 545 et 342 abstentions.

Ont voté pour :		Ont voté contre :	
Girod (Rouen)	50	Mineur (Lille)	42
Robineau (Coutances)	18	Jacquet (Prytanée)	30
Rodrigue (Amiens)	30	Marc (La Rochelle)	23
Garnier (Poitiers)	28	Meyer (Laval)	21
Pradines (Clermont)	87	Fedel ⎰ (Rollin)	18
Rivière (Rodez)	20	Tourren ⎱	18
Monin ⎫		Mathiez (Caen Fédérat.)	105
Fedel ⎬ (Rollin)	18	Zivy (Lille Federation). ⎰	116
Tourren ⎭			22
Canat (Rennes)	43		26
Bardin (Bourg)	22	Morère (Tarbes)	23
V. Tieghen (Reims)	27	Nouvel (Chartres)	21
Larroquette (M.-de-Mars.)	17	Petitot (Nantes)	59
Enoch (Le Hâvre)	29	Cordier (Saint-Quentin)	21
E. Moul (La Kanal)	11	Total :	545
Feignoux (Montluçon)	25		
Vidal (Cahors)	20	Abstentions :	
Levy (Tours)	30	Canat (Rennes Fédérat.)	102
Navarre (Grenoble)	102	Moniot (Janson)	76
Buchenaud (Montpellier)	93	Bernès (Lakanal)	11
Sueur (f. Lyon)	158	Pasquier (Dijon)	132
Biffon (Beauvais)	23	Leroux (Guéret)	21
Mairey (Lons-le-Saulnier)	18	Total :	342
Stavlaux (Châteauroux)	22		
Lerouge (Clermont)	35		
Girbal (Marseille)	75		
Téry (Laon)	10		
Deschamps (le Mans, Alençon)	47		
Morizet (Nancy)	73		
Total :	1.131		

M. **Navarre,** fait observer qu'il ne faut pas laisser subsister d'équivoque sur la nature du vote qui vient d'avoir lieu. Il pense que l'admission des repétitrices n'implique nullement l'admission prochaine des repetiteurs. Beaucoup de ceux qui ont voté pour l'admission des unes se prononcerait sûrement contre l'admission des autres.

M. **Mathiez** demande le referendum sur le principe même.

M. **Rodrigues** combat la proposition de M. Mathiez: ce serait revenir sur la discussion. Au reste il ne faut pas couper court à toute tentative de conciliation avec les repétiteurs. C'est pour cela qu'il combat aussi la proposition Navarre.

M. **Monin** ne croit pas qu'on doive abuser du referendum.

Le referendum est repoussé à mains levees. par 29 voix contre 20.

M. **Morizet** croit qu'il faut preciser le sens du vote, comme propose de le faire M. Navarre En ce qui le concerne, il a voté pour l'admission des répétitrices ; mais il ne veut pas que cette admission constitue un précédent.

On vote par mandats sur l'addition Navarre. Cette addition est adoptee par 1789 voix contre 667 et 44 abstentions (chiffres rectifiés). Ont voté contre: (M. Bernès) Louis-le-Grand 40; (Girod) Rouen 50. (Rodrigues) Amiens 30: (Pradines) Clermont Fed r.87; (Faignoux) Montluçon, 25 : Belfort 22 : (Sueur) Feder. lyon. 158: (Lévy) Angoulème, 27: (H Bernes) Lakanal 22 ; (H Bernès) Carnot 30 : (H. Bernès) Brest 48 : (H. Bernès) Oran 43; (H. Bernès) Alger 66 ; (H. Bernès) Bône 19 :

Abstenus : Carcassonne (Santiaggi) 24 ; Cahors (Vidal) 20.

Les dames n'ont pas pris part au vote.

M. **Téry.** au milieu des rires et du bruit. dépose la proposition suivante : « Le Congrès estime qu'il y a lieu de constituer une fédération nationale et democratique d'agrégés et de docteurs ».

La question préalable est mise aux voix et adopté à l'unanimité moins 7 voix.

Question des Statuts. — Le president donne ensuite lecture du projet de statuts, tel qu'il a ete rédige par la commission.

M. H. **Bernès** fait des observations sur l'article 1er: Il demande qu'on ne confonde pas la federation des professeurs avec la federation générale et qu'on tienne compte de la décision des collègues qui veulent rester autonomes. Il propose de rediger ainsi l'article : « Il est constitué une fédération nationale des professeurs des lycées de garçons, des professeurs et des répétitrices des Etablissements de jeunes filles de l'Enseignement Secondaire public ».

M NAVARRE voudrait au contraire qu'on respectât le texte de la commission. pour laisser la porte ouverte aux fédérations qui voudraient fusionner avec celle des professeurs.

M. CANAT se félicite de ce qu'il appelle la conversion de M. Bernès. Il veut que l'autonomie la plus large soit donnée aux divers groupes. Il demande que l'on maintienne le principe des sections générales ; mais il voudrait que les Amicales qui desireraient se détacher d'une section pour se joindre à une autre eussent la liberte de le faire.

M. BUCHENAUD est d'un avis contraire. La proposition de M. Canat lui paraît une prime à la desunion et un encouragement à l'anarchie.

M. MONIN appuie la proposition Canat. qui est soutenue par M. Navarre.

Lecture est donnée de nouveau de cette proposition. Elle est ainsi conçue : Le Congrès etc : demande : 1º que chaque groupement qui voudra se constituer en section autonome en ait la liberte: 2º que dans chaque groupement les sections qui voudraient se joindre à un autre groupe en aient la liberté.

La proposition Canat est repoussée à mains levées par 24 voix contre 17.

Restent en présence les deux rédactions Bernès et Navarre, la première limitative. la deuxième volontairement générale.

La rédaction Bernès est adoptée par 2033 voix contre 565 pour les professeurs hommes et par 501 voix contre 158 pour les professeurs dames. Il y a eu 16 abstentions.

Ont voté pour la proposition Navarre :

Lycées de garçons: Navarre (Grenoble) 102: Girod (Rouen) 50; Robineau (Coutances) 18 ; Morère (Foix) 23 ; (St-Quentin) 24 ; (Stavlaux) 22 ; Canat (Rennes) Feder. 223 : Lévy (Tours) 30 ; (Angoulême) 27 ; (La Roche-sur-Yon) 18 ; (Rochefort) 31 ;

Lycées de filles : (Grenoble et Annecy) 42: (Montargis) 8 ; Valenciennes) 10 ; (Charleville) 17 : (Lyon) 22 ; (Le Havre) 16 Caen, Lisieux, Cherbourg 13 ; Nancy 18 ; Auxerre 12.

Abstentions : Nîmes (filles) 16.

La fin de l'article 1er est ensuite adoptée avec quelques modifications.

L'article 2 est adopté sans discussion.

Dans l'article 3, M. Buchenaud propose de supprimer les mots suivants: « ou d'une association amicale non fédérée ». Le texte de la commission est adopté à l'unanimité moins 6 voix.

L'article 4 est adopté sans discussion.

A l'article 5, M. Buchenaud propose un amendement: Il voudrait que le nombre des membres fût de 2 par fédération régionale ou Académique et que l'un d'eux fût un membre de l'Enseignement féminin.

M. Zivy combat l'amendement. Il y a trop de disproportion entre le nombre des membres des diverses fédérations et trop de différence d'importance entre les diverses académies.

M. Mathiez propose l'amendement suivant: *Les délégués sont nommés avant le Congrès par chaque fédération nationale ou Association amicale à raison de un délégué par chaque centaine ou fraction de centa ne de membres versant la cotisation. Dans chaque Académie les fédérations régionales ou Associations amicales non fédérées dans leur région procèdent à ce vote en commun.*

Ce texte est mis aux voix et adopté.

M. Rodrigues demande que dans chaque académie les minorités, soient représentées. L'addition Rodrigues est repoussée à mains levées. Le reste de l'article est adopté. Les articles suivants sont adoptés à mains levees sans discussion.

Nomination de la Commission — En attendant le vote dans les fédérations, le président propose à l'Assemblée de désigner une Commission exécutive provisoire. Le Comité a préparé une liste comprenant les noms des collègues qui ont montré le plus d'activité dans l'organisation du mouvement fédératif. Il demande à l'Assemblee de donner mandat à ces délégués d'agir provisoirement au nom de la fédération. Ce sont : MM. Blum (Lille), Buchenaud (Montpellier), Canat (Angers), Deschamps (Le Mans), Fedel (Rollin), Girod (Rouen), Luquet (Châteauroux), Mathiez (Caen), Moniot (Janson), Morizet (Nancy), Navarre (Grenoble), Zivy (Douai).

M. Mathiez propose d'y adjoindre M. Bernès, qui, seul des membre du Conseil supérieur, a paru s'intéresser aux travaux du Congrès et aux revendications des professeurs de l'enseignement secondaire. Cette proposition est adoptée.

Le Président demande aux dames de vouloir bien désigner elles-mêmes celles de leurs collègues qu'elles voudraient voir figurer dans la Commission.

Mmes BÉRARD, BOUÉ, DECROIX, DUBOIS et LEROUX sont désignées.

La Commission, ainsi composée de 18 membres est élue à l'unanimité moins quelques voix.

Ordre du jour du Congrès général. — Le PRÉSIDENT consulte ensuite l'Assemblée sur les questions qui doivent figurer à l'ordre du jour du Congrès général.

Au nom de l'association de Foix, M. MORÈRE demande que l'on écarte de cet ordre du jour les deux questions suivantes : *professorat-adjoint* ; *récréations d'interclasse*. Il donne lecture du texte de sa proposition qui est ainsi conçue :

« La fédération nationale des professeurs de lycée de garçons et du personnel féminin de l'enseignement secondaire public,

« Considérant que certaines questions divisent les membres de l'enseignement secondaire public et reçoivent des uns et des autres des solutions distinctes ou opposées, adopte les résolutions suivantes :

1° *Ne devront être discutées au Congrès général que les questions d'intérêt général, telles que la question des retraites ;*

2° *Seront exclues de l'ordre du jour du Congrès général :*

a) *La question du professorat-adjoint ;*

b) *La question des surveillances des récréations d'interclasse.* »

Cette proposition est adoptée par 1.419 voix contre 360 (lycées de garçons) et par 188 voix contre 0 (établissements de jeunes filles).

Ont voté contre : Mont-de-Marsan (Larroquette) 20 ; Clermont (Pradines) 87 ; Montluçon (Pradines) 25 ; Amiens (Rodrigues) 30 ; L.-le-Grand (M. Bernòs) 40 ; fédédér. lyonnaise (Sueur) 158

Clôture du Congrès. — L'ordre du jour du Congrès étant épuisé, le PRÉSIDENT déclare que le Congrès est clos.

Un membre du Congrès propose à l'Assemblée de lui adresser des félicitations pour la manière énergique et impartiale dont il a dirigé les débats.

Cette proposition est adoptée par acclamations.

La séance est levée à 11 heures et demie.

STATUTS

de la Fédération Nationale

des Professeurs des Lycées de Garçons des Professeurs et des Répétitrices des Etablissements de Jeunes Filles de l'Enseignement secondaire public

---

ARTICLE PREMIER. — Il est constitué une Fédération nationale des Professeurs des Lycées de garçons et des Professeurs et Répétitrices des établissements de jeunes filles de l'enseignement secondaire public.

Elle a pour objet l'étude des questions relatives à l'Enseignement secondaire public et la défense par toutes voies de droit des intérêts matériels et moraux de ses membres.

ART. 2. — La dite Fédération est mise sous le régime de la loi du 2 juillet 1901 (art. 5 et 6). Elle a son siège au domicile du Président.

ART. 3. — Font partie de la dite Fédération tous les membres du corps enseignant des établissements secondaires publics de garçons et de jeunes filles et les répétitrices des établissements secondaires publics de jeunes filles, faisant déjà partie d'une Fédération régionale ou d'une Association amicale non fédérée, qui acceptent les présents statuts et versent la cotisation fixée.

ART. 4. — Le budget de ladite Fédération est assuré par un versement annuel de 0 fr. 50 par membre

ART. 5. — La Fédération est représentée par une Commission exécutive dont les membres sont nommés chaque année avant le Congrès par chaque Fédération régionale ou Association amicale à raison de un délégué par chaque centaine ou fraction de centaine de membres versant la cotisation.

Dans chaque Académie les Fédérations régionales ou Associations amicales non fédérées dans leur région procèdent à ce vote en commun.

La Commission exécutive choisit dans son sein un bureau de 5 membres dont 3 professeurs de lycées de garçons et 2 représentants des établissements de jeunes filles.

Art. 6, — La Commission exécutive est chargée de prendre toute initiative et de faire toute démarche suivant les décisions du Congrès dont elle émane, de préparer et de convoquer le Congrès suivant, d'administrer tout fonds, de créer ou de subventionner tout périodique servant de bulletin de la Fédération nationale des Professeurs, d'ester en justice (art. 5 et 6 loi de 1901). Son bureau représente en outre les intérêts de la Fédération nationale des professeurs de garçons et les professeurs et répétitrices des établissements de jeunes filles à la commission centrale de la Fédération des membres de l'Enseignement secondaire,

Art. 7. — Le Congrès de la Fédération nationale des professeurs se réunit tous les ans au lieu fixé par le précédent Congrès de la Fédération nationale générale des membres de l'Enseignement secondaire, 24 heures au moins avant l'ouverture du Congrès de cette Fédération.

L'ordre du jour, limitatif, est établi par la commission exécutive et communiqué aux Fédérations régionales et aux Associations amicales deux mois au moins avant l'ouverture du Congrès. Il sera composé des questions qui auront été proposées au moins par deux fédérations régionales ou par cinq associations n'appartenant pas à une fédération régionale.

Art. 8. — Le vote dans le congrès de la Fédération nationale des professeurs de lycées de garçons, des professeurs et répétitrices des établissements de jeunes filles de l'enseignement secondaire public aura lieu par appel nominal des délégués des fédérations régionales ou d'Associations, chaque délégué disposant d'un nombre de suffrages égal à celui de ses mandants.

Le bureau de la commission exécutive qui a préparé et convoqué le Congrès l'ouvrira également et procédera à la vérification des pouvoirs. La vérification faite, il sera procédé par la nouvelle commission exécutive à l'élection de son bureau comprenant 5 membres, dont 3 professeurs de lycées et 2 représentants des établissements de jeunes filles.

Art. 9. — Le Congrès de la Fédération nationale des professeurs de lycées de garçons et des professeurs et répétitrices des établissements de jeunes filles de l'enseignement secondaire public fixent chaque année les questions qu'il est d'avis de voir inscrites à l'ordre du jour du Congrès de la Fédération nationale générale des membres de l'enseignement secondaire, et celles qui doivent en être écartées.

Art. 10. — La dissolution de la Fédération ne pourra être

prononcée que par un Congrès spécialement convoqué à cet effet, sur la demande des deux tiers des membres adhérents. Ce congrès décide en cas de dissolution de l'emploi des fonds restant en caisse

ART 11. — Toute modification aux présents statuts devra, pour être mise à l'ordre du jour du Congrès être proposée, soit par la Commission exécutive, soit par le quart des membres inscrits et pour être valable, être votée par les deux tiers des membres représentés.

Note déposee sur le bureau du Congrès
AMICALE DU LYCÉE DE CONSTANTINE

Les membres de l'Amicale du lycée de Constantine (Professeurs et Repétiteurs), estimant que c'est seulement par l'union étroite et solide de tous ses membres que l'enseignement secondaire arrivera à faire consacrer par les pouvoirs publics la reconnaissance réelle de ses droits, persuadés, d'autre part, que le malentendu, existant dans un très grand nombre d'etablissements entre professeurs et répétiteurs, provient de ce que les attributions des professeurs-adjoints n'ont pas été nettement déterminées.

Emettent le vœu que :

L'administration supérieure règlemente au plus tôt par décret les attributions des professeurs-adjoints.

Constantine. le 10 avril 1905.

Le Président,
HAUVET
professeur,

Le Secrétaire,
A. VIGNON
répétiteur.

RÉUNION DE LA SECTION FÉMININE

du Congrès National

des Professeurs de l'Enseignement public

Le Jeudi 20 Avril 1905

Le personnel feminin s'est réuni dans la salle des Professeurs du Lycée Louis-le-Grand, si obligeamment mise à la disposition du Congrès par M le Proviseur.

La séance est ouverte à 2 heures un quart; l'assemblée procède aussitôt à l'election d'un bureau de séance : Mlle MOURGUES (Fénelon) accepte la présidence et 3 secrétaires lui sont adjointes, Mlles COUSTOLS (Niort), DAVESNE (Mâcon) et DECROIX (Rouen).

50 établissements de jeunes filles ont répondu à l'appel de Mlle BOUE et la plupart sont représentes directement au Congrès :

Abbeville	Mlle Dubois	*Nice*	Mlle Gennevois
Amiens	Mlle Minotte	*Nîmes*	Mlle Babut.
Armentières	Mlle Hucher	*Niort*	Mlle Coustols
Auxerre	Mme Levy	*Paris*	Mlles Leroux,
Bordeaux	M. Peyrot		Mourgues,
Dijon	Mlle Plicque		Sizaret,
Douai	Mlle Gayraud		Giraud.
Grenoble	Mlle Gauthiot	*Poitiers*	Mlle Chaigneau
Le Hâvre	Mlle Boué	*Reims*	Mlle Marais
Lille	Mlle Mathon	*Rouen*	Mlle Decroix
Limoges	Mlle de Burine	*St Germain*	Mmes Vimeux et
Le Mans	Mlle Langgaesser		Evans
Mâcon	Mlle Davesne	*St-Quentin*	Mlle Mehl
Marseille	Mme Girbal	*Valenciennes*	Mlle Saladin
Mortagne	Mlle Ras	*Toulouse*	Mlle Taillade
Montpellier	Mme Bérard		

*Agen, Aix, Avignon, Bourg, Caen, Charleville, Cherbourg,
La Fère, Lisieux, Lyon, Guéret, Epernay, Nancy, Nantes,
Roanne, Saumur, Moulins, Beaune, Tours,* avaient aussi envoyé
leur mandat.

La première question à l'ordre du jour était la suivante : *Le
personnel féminin se joindra-t-il aux professeurs hommes et
dans quelles conditions ?*

Mlle Dubois propose ce qu'avait déjà proposé l'Association
de Niort dans sa circulaire, à savoir la formation d'une
fédération féminime autonome comprenant professeurs, maî-
tresses primaires et répétitrices qui adhérerait à la fédération
nationale.

Mlle Leroux déclare qu'il faut s'unir aux professeurs hommes
dans une fédération ; nos intérêts ne sont jamais opposés et
souvent identiques, les hommes ont plus d'experience que
nous, ils jouissent d'une influence plus grande étant électeurs,
tandis que les femmes seules n'obtiendront rien.

Mlle Decroix parle dans le même sens ; elle ajoute qu'appartenant à une amicale mixte (lycée de garçons et lycée de filles)
ses collègues ne sont pas disposées à se séparer des professeurs hommes qui ont toujours agi de concert avec elles.

Mlle Roué lit une lettre de M. Navarre qui préconise également l'union, mais ne parle, en ce qui nous concerne, que du
personnel enseignant. Les hommes paraissent donc disposés à
accepter les professeurs et non les répétitrices.

Mlle Decroix dit qu'à l'Amicale de Rouen, où les repetiteurs
ne sont pas admis, les répetitrices ont été acceptées ; ces messieurs ayant très bien compris que les rapports entre répétitrices et professeurs femmes sont très differents de ceux qui
existent entre professeurs hommes et répetiteurs.

Mme Vimeux demande que les répétitrices aient toujours le
droit d'envoyer des déléguées à la fédération des répétiteurs,
de façon à ce que leurs intérêts soient sûrement discutés.

Mme Lévy fait alors remarquer que la question du professorat-adjoint existe pour nous, car il y a des répétitrices char-
gées de cours sans avoir de titres pour cela.

Mlle Leroux répond qu'il n'y a là qu'un abus de l'administration, mais qu'aucun décret ne le sanctionne.

Mlle Decroix ajoute que la meilleure manière de prévenir
un conflit est de s'unir. Les répétitrices ne sont nullement dési-
reuses d'aller avec les répetiteurs, qu'elles ne connaissent guère;

les associations pourraient rester mixtes pour l'action et se séparer seulement à la fédération nationale.

Mme Bérard fait remarquer qu'il n'y a pas lieu de tenir à rester avec les hommes, ceux-ci lans les Associations mixtes travaillant d'abord pour eux.

Mlle Minotte dit qu'elle a remarqué la même chose, mais que ces messieurs nous donnent cependant un appui sûr et réel.

Mlle Decroix assure qu'à Rouen les professeurs hommes n'ont jamais refusé de s'occuper des questions intéressant les femmes. Rien n'empêchera évidemment les femmes de préparer entre elles au préalable tout ce qui les intéresse spécialement.

Mme Vimeux propose alors l'ordre du jour suivant : « Tout le personnel féminin forme une seule section avec les professeurs de lycée dans la fédération nationale. »

Par 555 voix contre 107 cet ordre du jour est adopté.

« Au cas où les professeurs hommes n'accepteraient pas les répétitrices, le Congrès est d'avis que les répétitrices envoient des déléguées à la fédération des répétiteurs. »

Mlle Leroux fait remarquer que cela ne lèsera en rien les répétitrices, car si pour les garder avec elles les professeurs femmes formaient une fédération distincte, les revendications des unes et des autres n'aboutiraient certainement pas.

Par 461 voix contre 130 (ou 201 en comptant les répétitrices), cette dernière proposition est adoptée.

Mme Vimeux demande alors a être envoyée comme déléguée à la section masculine pour aller défendre son ordre du jour ; on lui adjoint Mlles Leroux et Plicque.

L'assemblée passe ensuite à la discussion de la seconde question qui figurait à l'ordre du jour : *Représentation des femmes au Conseil supérieur et aux Conseils Académiques.*

Mlle Leroux dit qu'il ne faut pas baser nos revendications sur le projet de réforme du Conseil supérieur, mais réclamer notre admission dans les conditions actuelles. En effet, d'après le décret de 1880, il doit y avoir au conseil supérieur un agrégé de chaque ordre ; les quatre agrégations féminines (histoire et géographie — littérature et philosophie — science mathématiques — sciences physiques et naturelles) n'y sont pas représentées ; il n'y a pas besoin de loi nouvelle pour qu'elles le soient Demandons donc d'abord cela.

A l'unanimité, le Congrès décide de commencer les démarches dans ce sens.

La question du *diplôme de fin d'études secondaires* est enfin abordée. L'union des associations amicales d'anciennes élèves demande des sanctions : ce diplôme serait assimilé à la première partie du baccalauréat et donnerait droit à l'enseignement libre.

Mlle Boué fait alors remarquer que la question n'est pas si simple qu'elle le parait au premier abord ; elle-même a commencé à l'étudier, et elle engage les Amicales à l'approfondir avant de rien entreprendre à ce sujet.

Il est alors convenu de mettre à l'étude les questions suivantes en réclamant le concours de toutes les amicales :

a) Programme du diplôme comparé à ceux des divers baccalauréats ;

Mlle Boué est chargée de centraliser les renseignements.

b) Forme et sanctions qu'il conviendrait de donner au diplôme, notation.

Mme Bérard enverra un questionnaire aux amicales.

c) Comparaison du diplôme et du brevet supérieur.

Mme Lévy accepte de faire ce travail.

La seance est levée à 6 heures.

DECROIX
(Rouen).

Congrès de la Fédération Nationale

DES

PROFESSEURS DE COLLÈGE

Le 20 avril dernier s'est tenu le 3ᵉ Congrès de la F. N. des professeurs de collège. L'ordre du jour comportait la discussion et le vote des statuts définitifs, et l'examen de questions connexes : *délégations, maximum de stage, retraites*. Ces deux dernières questions d'ailleurs ont été de nouveau traitées et réglées par le Congrès des membres de l'enseignement secondaire.

M. Barthélémy, président du bureau provisoire, fit son rapport, puis *M. Meynaud*, trésorier. Tous deux reçurent les félicitations du Congrès. Le président, appelé à dire quelques mots du Congrès préparatoire du mois de janvier qui avait réuni des professeurs de lycée et de collège, déclara qu'il avait cru de son devoir de ne pas y assister. « Notre Fédération doit rester autonome », dit-il.

A ce moment, le président de l'A. de l'Académie de Dijon a posé la question d'une Fédération et d'un Congrès réunissant tout le personnel enseignant des lycées et des collèges de garçons et de jeunes filles. « Notre autonomie ne court aucun risque. Continuons à discuter entre nous, professeurs de collège, les questions qui n'intéressent que nous. Mais ne nous refusons pas à discuter avec les autres catégories de professeurs de l'enseignement secondaire les questions qui sont communes à tous. Et, pour achever l'édifice des groupements professionnels, une autre Fédération réunira tous les membres de l'enseignement secondaire ». Le Congrès persista à craindre pour l'autonomie de la Fédération des professeurs de collège et ne voulut pas consacrer par un Congrès son entente avec les lycées sur les questions communes.

Les statuts une fois votés, il a fait connaître sa décision aux professeurs de lycée : l'union ne se fera pas sur la base d'un Congrès commun ; mais il pourra y avoir « entente » entre les bureaux ; cette entente s'appuiera sur l'article 11 des statuts projetés d'une F. N. des membres de l'E. secondaire (prof. et répétiteurs) (1).

Voici quelle est la composition du bureau pour l'année 1905-1006. *MM. Bonin*, président ; *Bécar*, 1er vice président ; *Lenestour*, 2° vice-président ; *Cloche*, secrét. général ; *Syrman*, *Chabert*, sec.-adjoints ; *Meynaud*, trésorier.

Dans la séance du vendredi matin, la cotisation de 0 fr. 25 a été portée à 0 fr. 50. On demandera dès maintenant aux amicales un supplément de 0 fr. 25 pour parfaire la cotisation de l'année 1904-1905. Les membres du bureau continueront à être défrayés de leurs frais de voyage (billet de 2° classe), mais n'auront plus de frais de séjour.

Le Congrès a exprimé le vœu que les répétiteurs ne puissent passer dans un lycée qu'après cinq ans de stage dans un collège.

Vœux déposés en fin de séance et lus au Congrès :

1° Indemnité de tous frais sur présentation de documents authentiques, en cas de déplacement d'office.

2° Que les prof. de 3° ordre (bacheliers ou brévetés) soient assimilés aux maîtres élémentaires des lycées (mêmes grades). Ce vœu s'appuie sur ce fait que les prof de 2° ordre ont été assimilés et ont vu leur traitement notablement augmenté ; les prof. de 3° ordre ont paru un peu délaissés.

Léon LÉVY·

---

(1) Le lendemain, vendredi après-midi, les répétiteurs s'étant abstenus de prendre part au Congrès général, les professeurs de collège, par la force des choses, ont tenu une réunion commune suivie de deux autres, le samedi, avec les professeurs de lycée et le personnel enseignant féminic. Ils n'avaient pas consenti à figurer dans un Congrès particulier réunissant tous les professeurs de l'E. secondaire, et ils se trouvaient seuls à seuls avec ces professeurs, dans un Congrès qui portait, il est vrai, le nom de Congrès des membres de l'Enseignement secondaire. Ils ne s'en sont pas mal trouvés. Sur la question du maximum de stage, par exemple, leur avis a prévalu : *maximum de 4 ans.*

Fédération Nationale Générale

Des Membres de l'Enseignement secondaire public

Congrès des 12-22 Avril 1905 (Salle des Fêtes du Lycée Louis-le-Grand)

Séance du Vendredi soir 21 avril

La séance est ouverte à 3 heures, sous la présidence de M. *H. Bernès*, président du Comité d'organisation, assisté de M. *Ripault* (rép. L.-le-Grand).

Allocution du président. — Avant de procéder à l'élection du bureau, M. *Bernès* tient à adresser un cordial hommage à tous ceux qui ont préparé de près ou de loin le Congrès actuel : aux professeurs des lycées de Bordeaux et d'Angoulême qui ont donné, en 1895 et 1896, un bel exemple de solidarité ; aux répétiteurs qui ont donné un exemple semblable, il y a une douzaine d'années. Le mouvement provoqué par les lycées d'Angoulême et de Bordeaux, quoiqu'il ait abouti dès le début à la constitution d'un Congrès annuel, a été arrêté de bonne heure ; mais le lycée du Mans a repris la même idée et a montré l'avantage qu'on pouvait retirer de la loi de 1901. Il convient de l'en féliciter. Il convient aussi de féliciter le Comité de propagande qui a multiplié les associations et un certain nombre de collègues qui ont contribué de leurs deniers ou de leur temps à l'œuvre commune. M. Bernès est heureux de citer parmi eux M. Clairin. M. Bernès espère que l'on va enfin pouvoir, dans le Congrès qui vient de s'ouvrir, recueillir le fruit de tous ces efforts. (Applaudissements.)

Election du bureau. — Incident. — M. *Zivy* (pr. Douai) demande que les bureaux des diverses fédérations nationales particulières constituent le bureau du Congrès général. Cette proposition est adoptée. Les présidents et assesseurs des bureaux des lycées et des collèges se présentent au bureau ; les membres du bureau de la fédération des répétiteurs ne se présentent pas.

MM. *Navarre* (Grenoble, pr.) et *Canat* (Angers, pr.) s'étonnent que la fédération des répétiteurs ne soit pas représentée au bureau.

M. *Morizet* (Nancy, pr.) fait appel à l'esprit de solidarité qui doit unir tous les membres de l'enseignement secondaire.

M. *Ripault*, secrétaire général de la fédération des répétiteurs, déclare que cette fédération, en apprenant la décision du Congrès des professeurs de lycée sur le professorat-adjoint, a résolu de ne pas participer officiellement au Congrès général, tout en autorisant ses membres à y assister individuellement ou au nom de chaque association.

M. *Rodrigues* (Amiens) fait observer qu'en présence de cette résolution il est nécessaire que le vote ait lieu par tête ou par association, et non par ordre.

M. *Picquois* (rép. Condorcet) déclare que la fédération des répétiteurs n'est pas encore constituée et que chaque répétiteur ne peut voter qu'à titre individuel.

Le bureau est constitué de la manière suivante : *Bonin* (coll. de St Germain) ; *Moniot* (lyc. Janson de Sailly) ; Mlle *Leroux* (lyc. Molière), présidents ; *Cloche* (coll. d'Epernay), *Fedel* (Rollin), Mlle *Decroix* (Rouen) assesseurs. M. *Picquois*, prié de s'asseoir au bureau, y consent.

La séance est présidée par M. *Bonin*.

Le mode de vote. — La discussion sur le mode de votation commence aussitôt.

M. *Chabert* (St-Dié, pr.) propose que le vote ait lieu par mandats.

M. *Zivy* fait observer que l'ordre du jour Canat-Girod, adopté par le referendum général, indique nettement que le Congrès doit être un Congres de fédérations.

M. *Monin* (Rollin, pr.) ne pense pas qu'on soit engagé par ce referendum.

M. *Canat* admet que l'on vote par mandats.

MM. *Rabaud* (Charlemagne, pr.) et *Rollin* (Vienne, pr) demandent que les « isolés », ne faisant partie d'aucune association, puissent voter.

M. *Navarre* (Grenoble) demande qu'on ajourne la discussion des statuts jusqu'au moment où les répétiteurs auront constitué leur fédération.

Cette proposition est repoussée.

M. *Malet* propose la clôture de la discussion qui dure depuis près de trois quarts d'heure et qui est très confuse.

La clôture est mise aux voix et prononcée.

MM. *Morizet* et *H. Bernès* (Lak., pr.) croient qu'il est nécessaire de voter immédiatement les statuts. L'Assemblée adopte cette proposition.

Elle décide d'abord, d'après la proposition *Rabaud*, que les délégués auront autant de voix qu'ils représentent de membres, et que les « isolés » auront chacun une voix.

Discussion des statuts. — A ce moment M. *Morizet* prend la présidence. Il déclare la discussion ouverte sur la question des statuts.

M. *Peyrot* (Bordeaux, pr.) demande qu'on n'établisse pas une fédération pour les surveillants d'internat, ceux-ci n'étant pas fonctionnaires et n'appartenant pas toujours à l'Université.

M. *Deschamps* (Le Mans) fait connaître que 23 associations de surveillants d'internat se sont déjà formées, qu'elles ont dressé une liste de revendications, mais qu'elles n'ont pas eu le temps de se fédérer.

M. *Monin* appuie les observations de M. *Peyrot*, et demande qu'on prenne pour base de la discussion le projet de statuts élaboré par la commission d'organisation.

Après une observation de M. *Girbal* (Marseille pr.), la discussion générale est close, et le passage aux articles décidé.

ART. 1. — MM. *Girod* et *Malet* proposent de rédiger *l'article 1ᵉʳ* ainsi qu'il suit : « Il est constitué une fédération nationale des membres de l'Enseignement secondaire public, professeurs, répétiteurs et répétitrices. Cette rédaction est adoptée. »

MM. *Deschamps* et *Rabaud* insistent pour qu'on maintienne les mots : Surveillants d'internat.

Cette proposition est repoussée à une forte majorité.

M. *H. Bernès* propose d'ajouter les mots suivants : en activité, en congé régulier ou en retraite. Cette proposition est adoptée.

ART. 2. — *L'article 2* est adopté. Le siège social est fixé à Paris au domicile du président.

ART. 3 - Conformément aux observations de MM. *Monin* (Rollin) et *Morel* (Lak.), l'Assemblée décide que *l'article 3* sera ainsi rédigé :

« Elle a pour objet l'étude des questions relatives à l'Enseignement secondaire public et à son personnel, la défense des intérêts professionnels de ses membres et l'exécution par toutes voies de droit des décisions fédérales. »

ART. 4. — Sur *l'article 4*, M. *Morizet* propose la rédaction suivante : « Elle peut être formée d'autant de fédérations particulières qu'il y a de catégories de membres de l'enseignement ayant une situation et des intérêts distincts. »

MM. *Monin* et *Clarou* (Fontainebleau) demandent qu'on limite le nombre de ces fédérations si on ne veut pas tomber dans l'anarchie.

M. *Navarre* propose la rédaction suivante : *Elle se compose de toutes les fédérations nationales particulières existantes de fonctionnaires de l'Enseigne ment secondaire qui adhèrent à ses statuts*. Cette rédaction est mise aux voix et adoptée.

M. *Rabaud* demande que tous les membres de l'enseignement public puissent faire partie, à titre personnel, de la fédération nationale. Cette proposition est repoussée.

La suite de l'article est adoptée.

ART. 5. — *L'article 5* est adopté sans discussion.

ART. 6. — La première partie de *l'article 6* est adoptée.

Sur la fin du § 1er de cet article, MM. *Feignoux* et *Monin* demandent qu'on substitue au mot unanimité, l'un, les mots trois quarts, l'autre les mots deux tiers. M. *Lestang* (coll. Toulouse), demande que chaque bureau dispose de 3 voix, pour permettre la représentation de la minorité.

MM. *Girod* et *Canat* défendent le texte de la commission : Il ne faut pas qu'une section particulière puisse être opprimée par la coalition des autres.

M. *Buchenaud* (Montpellier) propose la rédaction suivante : «Le bureau de la commission centrale est formé par les présidents des bureaux des fédérations particulières. »

M. *Girod* propose qu'il n'y ait pas de président de la fédération, mais simplement un président de séance.

MM. *Breuil* (Compiègne), *H Bernès*, *Le Nestour* (Vannes) et *Rodrigues* (Amiens) montrent l'utilité de l'unité d'action et le danger d'un roulement.

La proposition de M. Girod est repoussée. Après des observations de M. *H. Bernès* et *Dubois* (Beaune), le texte est ainsi modifié:

Aucune décision ne peut y être valablement prise que si elle réunit l'unanimité des bureaux. Le bureau de la commission centrale est composé des présidents des bureaux des fédérations particulières ou de leurs représentants. Le président élu par le bureau est le président de la fédération nationale générale.

Le reste du texte de la commission est adopté.

Art. 7. — *L'article 7* est adopté.

Art. 8. — A *l'article 8*, le délai de 2 mois est substitué au délai d'un mois.

Art. 9. — *L'article 9* est adopté après une brève observation de M. *Monin*.

Art. 10. — *L'article 10* est adopté après une protestation de MM. *Rodrigues* et *Pradines* (Montluçon), qui jugent qu'il équivaut à la suppression des Congrès.

Art. 11. — *L'article 11* est attaqué par MM. *Mathiez* (Caen) *Lestang* (coll. Toulouse) et *Canal*, et défendu par M. *Pradines*.

M. *Monin* propose d'en rédiger ainsi la fin : « Avant d'avoir avisé le bureau de la Fédération nationale.» Cette proposition est adoptée.

Art. 12. — *L'article 12* est adopté.

L'ensemble est mis aux voix et adopté à mains levées.

Création d'un Bulletin. — M. *Girod* propose la création d'un bulletin de la Fédération ; il propose également de charger M. *Deschamps*, directeur de la *Solidarité*, d'imprimer ce bulletin.

Cette proposition est appuyée par M. *Morizet*, qui fait observer que ce serait là un simple journal officiel, qui éoargnerait bien des frais à la Fédération.

M. *Rodrigues* ne pense pas, quelque estime qu'il ait pour le directeur de la *Solidarité*, que le Congrès puisse désigner son journal de préférence à un autre.

M. *Deschamps* remercie M. Girod des éloges qu'il a faits de la *Solidarité* et de son directeur. Il n'offre pas la *Solidarité* comme organe officiel. Il veut seulement indiquer comment le comité exécutif pourrait s'en servir. Le journal n'a pas besoin de subvention. Il mettra gratuitement ses colonnes au service du comité, si ce dernier veut en user, ou bien il encartera un bulletin officiel, en demandant seulement le prix du supplément. Ce serait là un moyen de ménager les ressources de la fédération.

Après des observations de MM. *Lestang* et *Rodrigues*, le principe de la création d'un bulletin est adopté ; la question de l'impression est réservée à la décision du Comité exécutif, quand il sera constitué.

Question des retraites. — Le président propose à l'assemblée de discuter la question des retraites.

M. *Feignoux* (Montluçon, pr.) propose de remettre l'étude de la question aux associations particulières.

M. *Canal* pense qu'il faut s'unir avec les employés civils, par exemple avec ceux des Postes et Télégraphes, qui ont étudié longuement cette question.

L'Assemblée, en raison de l'heure avancée, décide que la discussion sera renvoyée au lendemain.

M. *Bernès* remplace M. *Morizet* à la présidence.

Notes secrètes et déplacements d'ordre disciplinaire. — M. *Fedel* propose à l'Assemblée, en raison de l'urgence de cette question, et malgré l'heure avancée, d'étudier un certain nombre de vœux relatifs aux notes secrètes et aux déplacements.

Cette proposition est adoptée.

M. *Rodrigues* dépose le vœu suivant :

« Le Congrès émet le vœu que, conformément au vote émis par la Chambre et aux déclarations ministérielles, les fonctionnaires aient droit à la communication intégrale de leur dossier. »

M. *Fedel* (Rollin) rappelle qu'il a fait adopter par l'Assemblée de la fédération région° de l'Académie de Paris, le jeudi 30 mars, un vœu relatif aux déplacements disciplinaires. Il donne lecture de ce vœu qui est ainsi conçu : « L'assemblée émet le vœu que le déplacement d'ordre disciplinaire, qui constitue pour le fonctionnaire qui en est l'objet une peine au moins aussi grave que la suspersion temporaire, lui soit assimilé et ne soit prononcé qu'après avis conforme du Conseil académique. » A l'appui de ce vœu, M. *Fedel* développe brièvement quelques considérations. Il pense que les professeurs doivent être fort reconnaissants à M. Bienvenu-Martin de l'initiative qu'il a prise en supprimant les notes secrètes ; mais, comme un ministre peut parfois défaire l'œuvre d'un autre ministre, il lui semble nécessaire de demander une sanction à cette suppression.

M. *Rodrigues* voudrait que le vœu fût plus précis. Il propose de définir dans les considérants ce qu'on entend par déplacement d'ordre disciplinaire.

M. *Fedel* donne lecture de son vœu qu'il a ainsi modifié : *Le Congrès émet le vœu que le déplacement qui n'est pas entraîné par une suppression de chaire, et qui n'est ni demandé, ni accepté par le fonctionnaire, soit considéré comme une peine disciplinaire, soit assimilé à la suspension temporaire, et ne soit prononcé qu'après avis conforme du Conseil académique.*

Après des observations de MM. *Steck, Rodrigues, Pradines* et *Feignoux,* ce vœu est adopté à l'unanimité.

M. *Steck* dépose le vœu suivant : *Tout chef d'établissement est tenu de communiquer au fonctionnaire intéressé, qui apposera sa signature, toute note ou rapport le concernant.*

Les vœux de MM. *Rodrigues* et *Steck* sont adoptés à l'unanimité.

Maximum de stage. — La discussion est ensuite ouverte sur la question du maximum de stage.

L'Assemblée, après une courte discussion et sur la proposition de MM. *Bonin* et *Cloche,* adopte le vœu suivant dont les considérants ont été rédigés par la fédération régionale des professeurs de l'Académie de Dijon :

Considérant que le décret du 28 novembre 1903 fixe un minimum de stage dans chaque classe, mais ne limite pas le maximum ; qu'il aggrave, au lieu de l'améliorer, la situation déjà précaire du personnel enseignant ; qu'en fait, tandis que dans la plupart des administrations (et notamment dans l'enseignement primaire) la régularité de l'avancement est de droit, les professeurs de l'enseignement secondaire ne jouissent à cet égard d'aucune garantie, émet le vœu qu'il y ait dans chaque classe un maximum de stage et que ce maximum ne dépasse jamais 4 ans.

Ce vœu est adopté à l'unanimité.

La séance est levée à 7 heures.

3° Séance du Samedi matin 22 Avril

En l'absence des membres du bureau, retenus à la Commission ou occupés à diverses démarches décidées la veille par cette commission, M. *H. Bernès* préside assisté de M.

Canat, secrétaire. La séance est ouverte à 8 h. 1/2.

I. Incident au sujet d'un article de journal. — Au début de la séance, M. *Isaac* (Sens) déclare qu'il croit devoir protester contre un article paru le jour même dans le *Matin*. Cet article lui paraît fort injuste envers les professeurs dont les sentiments à l'égard des répétiteurs sont représentés d'une manière tout à fait inexacte. Les professeurs ne prétendent en aucune façon, comme le déclare l'auteur de l'article, réduire les répétiteurs au rôle de « professeurs de silence », tandis qu'eux mêmes seraient les seuls, « instructeurs » Les répétiteurs peuvent être dans leurs études d'utiles auxiliaires des professeurs.

M. *Téry* (Laon), mis en cause, se déclare l'auteur de l'article.

Il regrette vivement que sa pensée ait été mal comprise ; il n'a pas eu l'intention qu'on lui prête : Il a cru que telle était la double conception que beaucoup de ses collègues se faisaient du rôle des professeurs et des répétiteurs Cette conception n'est pas la sienne. Il s'offre à faire insérer, s'il y a lieu, une rectification.

M. *Rodrigues* (Amiens) blâme M. Téry d'avoir présenté en quelque sorte des excuses: La liberté d'appréciation de la presse doit rester entière

M. *Bernès*, président, fait observer que M. Téry a répondu comme membre du Congrès et non comme journaliste. Il ne peut y avoir ni interpellation à la presse, ni discussion sur un article écrit librement par son auteur. M. Isaac a sans doute voulu attester publiquement les véritables sentiments du Congrès.

C'est ce qu'a fait déjà le bureau de la Fédération des lycées et des établissements de jeunes filles qui a adressé au *Matin* une lettre rectificative. Au reste c'est cette Fédération, et non la Fédération générale qui était visée par l'article. Il déclare l'incident clos.

II Date et lieu du prochain Congrès. — Avant d'aborder la discussion des questions inscrites à l'ordre du jour, le *Président* consulte l'assemblée sur la date du prochain congrès général et sur le lieu où il se tiendra. L'Assemblée décide que ce Congrès se tiendra à Paris. Quant à la date à laquelle il se réunira, le président fait observer que les lycées de Paris, contrairement à ce qui se passait les années précédentes, ont été fort peu représentés cette année. Cela tient uniquement à ce que ce Congrès a coupé les congés en deux parties inégales et n'a pas permis aux professeurs de l'Académie de Paris qui y ont pris part de profiter de leurs vacances Les anciens Congrès adoptaient d'ordinaire le Vendredi et le Samedi de la Semaine de Pâques. Il serait peut-être préférable de reprendre cette tradition

L'Assemblée décide que le prochain Congrès général aura lieu en 1906, le Vendredi et le Samedi de la Semaine de Pâques.

III. Dépenses du Congrès. — Le *Président* rappelle à l'Assemblée que des dépenses assez considérables ont été engagées pour l'impression et la distribution du procès-verbal du Congrès de janvier et pour l'impression et l'envoi de diverses circulaires destinées à préparer le Congrès actuel. Des dépenses analogues seront nécessaires d'ici au Congrès de 1906. Il sera également nécessaire d'indemniser le personnel du Lycée Louis-le-Grand à qui la tenue du Congrès à valu un surcroît de travail. Il faut donc réunir le plus tôt possible des fonds suffisants pour couvrir les dépenses faites et pour engager les dépenses prévues.

M. *Trémolet* (Bordeaux) est d'avis qu'il faut liquider le passé.

L'Association de Bordeaux a prévu cette nécessité, et ses représentants ont mission de verser par membre représenté soit 0 fr. 50

comme aux Congrès précédents, soit 0 fr. 25, si c'est le chiffre adopté.

MM. *Breuil, Rodrigues, Buchenaud, Clarou* proposent diverses procédures.

M. *Crémieux* (Marseille), d'accord avec M. *Steck* (Grenoble) et M. *Lestang* (Toulouse) propose, du moment que le Congrès et la Fédération se préparent depuis un an, de considérer que les finances fédérales ont eu un premier exercice en 1904-1905 et lit la motion suivante :

Le Congrès, par mesure exceptionnelle, décide que la cotisation pour l'année 1904-1905 sera versée dans un délai de 2 mois, et autorise en outre le bureau fédéral à percevoir la cotisation de 1905-1906 à partir du mois d'Octobre 1905.

Cette motion est adoptée.

IV. Question de l'avancement : maximum de stage. — M. *Steck* (Grenoble), comme suite à la discussion interrompue la veille par l'heure tardive, présente une motion additionnelle :

Certaines catégories de fonctionnaires (Mme *Lévy* fait remarquer que les professeurs de l'enseignement de jeunes filles sont de ce nombre) ont vu leur avancement notablement ralenti par l'institution de six classes alors qu'ils n'en avaient jusque là que quatre à parcourir. Il faudrait demander l'abolition de cet ordre de dispositions.

Aucune objection n'est produite.

La motion de M. Steck est votée. Elle est ainsi conçue :

« *Le Congrès demande l'abolition immédiate des dispositions du décret du 28 décembre 1903 concernant ceux des fonctionnaires qui ont vu répartir en cinq promotions l'avancement qu'ils obtenaient autrefois en trois* »

V. Question des Retraites. — M. *Girbal* (Marseille) fait observer qu'en fait, si le paiement du traitement est réparti sur douze mois, c'est par un travail de dix mois qu'il est gagné. Aussi propose-t-il la motion suivante, qui est appuyée par M. *Berthet*.

Le Congrès émet le vœu qu'en cas de décès d'un fonctionnaire pendant les vacances, le traitement restant à courir jusqu'à la rentrée soit acquis de droit à la veuve ou aux enfants du fonctionnaire, ou à ses ayants droit.

Cette motion est adoptée.

M. *Canal* (Angers) demande que le Congrès nomme une commission d'études pour étudier dans son ensemble la question des retraites. Cette commission n'aura d'ailleurs qu'à se mettre en rapport avec les diverses associations de fonctionnaires qui ont déjà poussé fort avant cette étude.

M. *Girbal* (Marseille) fait observer qu'on risquerait d'attendre fort longtemps en suivant cette méthode. Pourquoi ne pas adopter dès maintenant un programme semblable à celui que l'association de Montpellier a adopté après une étude approfondie ? Il est possible dès aujourd'hui de se prononcer nettement sur certains points, comme le droit à la retraite, l'inscription des professeurs dans les cadres du service actif dans lequel sont déjà rangés les instituteurs. Il convient d'ailleurs de remarquer que les conclusions proposées par l'association de Montpellier sont conformes au régime adopté pour le personnel des Chemins de fer de l'Etat. On ne comprend guère que l'Etat traite d'une manière différente les différents corps de fonctionnaires.

M. *Buchenaud* ajoute que les textes adoptés à Montpellier ont été rédigés après entente avec diverses associations de fonctionnaires civils.

MM. *Peyrot* (Bordeaux) et *Pelot* (Besançon) appuient la proposition de M. *Girbal*.

Cette proposition est ainsi conçue :

« *Le projet élaboré par la Fédération de Montpellier et adopté à peu près intégralement par la Fédération d'Aix servira de base à la discussion devant le Congrès.* »

M. *Lestang* (Toulouse), au nom de treize associations, dépose une motion ainsi conçue

« Le Congrès émet le vœu que les membres de l'Enseignement secondaire soient considérés comme appartenant au service actif au même titre que les instituteurs; il estime en outre qu'à 55 ans la retraite est un droit, qu'on ne peut la refuser à celui qui la demande, mais qu'on ne peut l'imposer à personne sans raison majeure. »

M *Feignoux* dépose la motion suivante « Le Congrès exprime le vœu que les Associations provoquent, chacune dans son arrondissement, la constitution d'associations de fonctionnaires pour étudier la question des retraites, ou y adhèrent dans les villes où elles sont déjà constituées, et que dès maintenant la commission exécutive de la Fédération se mette en rapport avec la commission centrale des Associations de fonctionnaires civils, ou avec l'Association des Postes qui s'est particulièrement occupée de cette question. »

M. *Téry* appuie cette motion. Il faut que tous les fonctionnaires agissent d'accord. Il donne quelques renseignements sur cet accord.

M. *Feignoux* demande en outre le vote de deux motions demandant, l'un que la loi de 1853, dont nous n'avons même pas tous les bénéfices, ait son plein effet, l'autre qu'elle soit améliorée.

Ces deux motions sont ainsi conçues :

« 1° Le Congrès demande la stricte observation de l'article 5 de la loi du 9 Juin 1853 sur les retraites, et par conséquent l'abrogation de l'article 18 de la loi de Finances de 1904 ; 2° Il émet le vœu: que la loi sur les retraites soit révisée dans le sens le plus avantageux pour les fonctionnaires. »

M. *Breuil* propose l'addition au 1er paragraphe de ce vœu de la formule suivante : ainsi que l'extension de l'article 5 au personnel féminin.

M. *Berthet* ne pense pas que l'on doive sans réflexion lier la cause du personnel de l'enseignement secondaire à celle des autres fonctionnaires civils. On peut dans l'Université arriver à des retraites de 6.000 francs. Il y a des catégories de fonctionnaires qui n'atteignent pas ce maximum. Il ne faut pas nous exposer, par une union précipitée, à perdre les avantages que nous avons.

M. *Rodrigues* pense au contraire qu'on ne peut aboutir que par une entente avec tous les fonctionnaires. Si d'ailleurs les solutions adoptées lèsent nos intérêts, il sera toujours temps de nous retirer Il dépose avec M. *Téry* la motion suivante :

« *Le Congrès invite le bureau de la Fédé-*
« *ration nationale à se mettre en rapport, au*
« *sujet de la question des retraites, avec*
« *l'Association générale des fonctionnaires*
« *civils, et à s'entendre avec les autres caté-*
« *gories de fonctionnaires pour établir un*
« *texte commun de revendications, qui serait*
« *donné aux pouvoirs publics par le bureau*
« *de l'Association générale* ».

Le *Président* fait remarquer que l'Assemblée a à choisir entre deux groupes de motions, les unes (motions Rodrigues et première motion Feignoux) l'invitant à remettre, soit aux amicales, soit au bureau de la Fédération, le soin de s'entendre sur la question des retraites, avec les autres catégories de fonctionnaires civils, les autres lui demandant de procéder dès maintenant à l'étude de la question des retraites, soit d'une manière générale (Girbal, Buchenaud), en prenant pour base les conclusions de l'Association de Montpellier, reprises par l'Amicale d'Aix et par la Fédération de Dijon, soit d'une manière particulière, comme le demandent quelques membres Si le Congrès adopte le premier ordre de solutions, rien ne l'empêche de voter ensuite sur certaines conclusions particulières qui lui ont été soumises.

Le président rappelle en outre qu'avant la spoliation qui a suivi la loi de 1853, l'Université avait une caisse des retraites, qui lui appartenait en propre, et qui subvenait par ses seules ressources aux diverses nécessités des congés, des retraites anticipées ou régulières, dans des conditions bien meilleures que celles qui résultent du système actuel

La priorité est demandée pour la motion *Rodrigues-Téry*. Après discussion, il est procédé au vote, par délégations. La priorité est adoptée par 3068 voix contre 1366. La motion est ensuite votée à mains levées à l'unanimité moins 4 voix.

A la demande de plusieurs membres, il est décidé que le texte des diverses motions proposées sera reproduit au procès-verbal.

MM. *Buchenaud* et *Feignoux* déposent une motion ainsi conçue :

« *Le Congrès émet le vœu que la retraite* « *après le nombre d'années de services fixé* « *par la loi, soit considérée comme un droit* « *effectif et que les articles 19 et 20 de la loi* « *de 1853, qui peuvent paraître restrictifs à* « *cet égard, soient abrogés.* »

La motion est adoptée.

VI. Incident. — Au cours du vote à la tribune sur la question de priorité, une délégation du Comité de la Fédération des Amicales d'instituteurs et d'institutrices de France et des colonies est introduite auprès du bureau. Cette délégation est composée de M. *Lafon*, maître primaire au Lycée de Bordeaux, secrétaire général honoraire de cette fédération, et de M. *Lagrue*, membre de son comité.

Le président les présente à l'Assemblée et donne lecture de l'adresse suivante qu'ils viennent de lui remettre :

Les Membres du Comité administratif de la fédération des Amicales d'instituteurs et d'institutrices de France et des colonies, réunis en Assemblée générale le samedi 22 avril à l'école Turgot, à Paris, adressent leurs cordiales sympathies et l'assurance de leur fraternelle solidarité à leurs collègues de l'enseignement secondaire réunis en Congrès national.

Le Secrétaire général : *Bontoux.*

Le Président : *Michel.*

Le Secrétaire général honoraire : *Lafon.*

Le Président, au nom du Congrès, qui s'associe à ses paroles par de vifs applaudissements, remercie MM. Lafon et Lagrue de leur démarche et les prie de dire à leurs mandants combien l'Assemblée est touchée de cette marque de sympathie Les membres de l'enseignement primaire ont donné les premiers l'exemple de l'union pour l'action collective en vue des intérêts communs Ils peuvent voir aujourd'hui que le personnel de l'enseignement secondaire a suivi cet exemple. Ils peuvent être assurés que ce personnel fait pour le succès de leurs efforts et de leurs vœux les mêmes souhaits que pour le succès des siens propres.

M. *Lafon* demande à répondre quelques mots. Il remercie le président et le Congrès de la réponse qui vient d'être faite à l'adresse dont son collègue et lui étaient chargés. Il ajoute qu'ils ont une autre mission à remplir, celle de demander à la fédération nationale secondaire de contribuer, comme la fédération qu'ils représentent vient de décider qu'elle le fera elle-même, aux frais de publication du rapport général du Congrès mixte de 1904

Cette communication soulève un violent tumulte dans l'Assemblée.

M. *Canal* fait remarquer que les délégués présents au Congrès n'ont pas mandat pour se prononcer sur cette question. Un grand nombre d'entre eux représentent des associations qui n'avaient pas adhéré au Congrès mixte ou qui avaient même protesté contre la formation de ce Congrès. Il ajoute que beaucoup d'associations se sont constituées contre cette espèce de groupement. Il conclut que la fédération nationale de l'Enseignement secondaire n'a rien à voir avec cette question.

M. *Trémolet* (Bordeaux) appuie énergiquement ces observations.

M. *Rodrigues* demande au contraire un vote conforme à la proposition apportée par M. Lafon.

M. *Téry* (ironiquement) — Je propose qu'on chasse d'ici ces prolétaires.

Le *Président* répond à M. Lafon, au milieu du bruit, que la question n'ayant pas été prévue à l'ordre du jour, ne peut faire l'objet d'une discussion. C'est là une règle commune qui est appliquée dans les assemblées de l'enseignement primaire comme dans toutes les autres assemblées. La proposition de M. Lafon sera transmise au bureau légal de la fédération, qui, retenu par plusieurs démarches importantes, n'a pu siéger aujourd'hui et que le bureau actuel remplace par intérim. Le bureau légal statuera sur la suite à donner à cette proposition et sur la procédure à adopter.

M. *Rollin* (Vienne) estime qu'à l'adresse écrite apportée par MM. Lafon et Lagrue il convient de répondre par une autre adresse écrite. Il donne lecture du texte suivant, qui porte, outre sa signature, celles de MM. Téry et Rodrigues : « 1° La fédération nationale des « membres de l'enseignement secondaire envoie à la fédération des amicales d'instituteurs et d'institutrices son salut fraternel ; « 2° Elle exprime le vœu que la distinction « des trois ordres d'enseignement soit abolie « le plus promptement possible, et qu'une « fédération commune réunisse tous les « membres de l'enseignement national. »

La lecture de la 2e partie de ce texte provoque un nouveau tumulte. Les interpellations et les exclamations s'entrecroisent.

Le *Président* fait tous ses efforts pour rétablir l'ordre. Il rappelle à l'Assemblée que « les entraînements de sentiment ne doivent pas prendre la place de la discussion réfléchie ». La sympathie de l'enseignement secondaire pour l'enseignement primaire ne fait pas de doute. Il l'a lui-même exprimée tout à l'heure. La 1re partie de l'ordre du jour Rollin Rodrigues-Téry est de nature à réunir tous les suffrages. Mais la 2e engage une question singulièrement importante, celle de la réorganisation de l'enseignement public. Des questions de ce genre ne se tranchent pas en quelques minutes, par un vote improvisé. Cette 2e partie de l'ordre du jour ne répond pas directement à l'adresse de l'enseignement primaire qui proclame seulement sa sympathie pour l'enseignement secondaire. Mais ce qui doit surtout retenir l'attention, c'est que cette question ne figure pas à l'ordre du jour du Congrès. Cette partie du texte ne sera donc pas mise aux voix, et ne sera même pas l'objet d'une discussion.

M. *Rodrigues* insiste pour que le Congrès mette cette question à l'ordre du jour du Congrès de 1906.

Le *Président* se refuse à saisir l'Assemblée de cette nouvelle proposition. En vertu des statuts votés la veille, ce sont les fédérations nationales particulières qui établissent cet ordre du jour.

La première partie du texte proposé par M. Rollin est adoptée à l'unanimité.

La discussion reprend ensuite sur la question des retraites, telle qu'elle a été résumée plus haut.

La séance est levée à 11 h. 3/4.

La séance du soir est fixée à 2 heures.

Séance du Samedi soir 22 Avril

La séance est ouverte à 2 heures sous la présidence de M. H. Bernès

I. Notes secrètes. — *Le président* donne lecture de l'article 65 de la loi de finances, tel qu'il vient d'être définitivement adopté par le Parlement · « Tous les fonctionnaires civils et militaires, tous les employés et ouvriers de toutes administrations publiques ont droit à la communication personnelle et confidentielle de toutes les notes, feuilles signalétiques et tous autres documents composant leur dossier, soit avant d'être l'objet d'une mesure disciplinaire, ou d'un déplacement d'office, soit avant d'être retardés dans leur avancement à l'ancienneté. »

M. Rodrigues, pense que ce texte, quoiqu'il améliore grandement la situation actuelle, ne donne pas cependant au corps des fonctionnaires une pleine et entière satisfaction. Il dépose la motion suivante :

Le Congrès, tout en appréciant les avantages du vote émis par le Parlement au sujet des notes secrètes, émet le vœu que la communication de ces notes soit un droit dans toutes les circonstances et non pas seulement dans des circonstances exceptionnelles.

Après des observations de M. *Steck*, la motion Rodrigues est adoptée.

Le Président fait observer que cette motion ne fait que compléter et rectifier un vœu déjà adopté la veille par le Congrès, avant. que le texte de l'article 65 eût été voté par le Parlement.

II Question du rapport général. — *Le Président* fait observer que M. *Peyrot* a posé incidemment au cours de la séance précédente la question du rapport général du Congrès. C'est peut être le moment de la reprendre. M. Peyrot demandait qu'on désignât le rapporteur général. C'est effectivement ce qu'on faisait dans les Congrès précédents. Mais les statuts votés hier, ne prévoient pas la nomination d'un rapporteur. Il semble dans ces conditions que le bureau de la Fédération nationale générale doit être chargé de rédiger et de publier ce rapport. Le Congrès qui a voté hier le principe de la publication d'un bulletin fédéral, a par là même indiqué la forme naturelle de cette publication.

La proposition suivante est adoptée à l'unanimité :

Un rapport général contenant : 1° la liste des associations et fédérations représentées au Congrès et le nombre de leurs membres ; 2° le compte rendu des séances et le texte exact des conclusions adoptées sera rédigé et imprimé par les soins du bureau fédéral et constituera le premier numéro du Bulletin de la Fédération nationale générale. Il en sera adressé, par l'intermédiaire des fédérations nationales particulières, deux ou trois exemplaires à chaque amicale représentée au Congrès.

III. Représentation aux Conseils universitaires. — M. *Steck* dépose la proposition suivante : « Le Congrès demande que toutes les catégories des fonctionnaires de l'enseignement secondaire soient représentées dans les Conseils universitaires. »

M. *Rollin* (Vienne) dépose un autre texte qui demande les 3 réformes suivantes :

1. Tout membre non élu serait exclu des conseils universitaires ;

2. Les représentants des corps politiques élus y seraient introduits ;

3 Chacun des 3 ordres d'enseignement disposerait au Conseil supérieur d'un même nombre de représentants

M. le *Président* fait observer que la proposition de M. Rollin n'est autre chose qu'un projet de réorganisation complète des Conseils universitaires. C'est là un problème fort complexe pour lequel on ne doit présenter que des solutions étudiées d'avance et mûrement réfléchies. Les membres du Congrès n'ont pas reçu mandat pour le discuter. Il n'a figuré à l'ordre du jour d'aucun des

Congrès particuliers. Seule figure à l'ordre du jour la question spéciale de la représentation dans les Conseils des catégories du personnel non représentées jusqu'ici. Le Congrès de l'enseignement des jeunes filles a délibéré sur cette question. Comme c'est la seule qui figure à l'ordre du jour, c'est aussi la seule qui puisse être discutée.

M *Rodrigues* pense que le Congrès ne peut passer son temps à s'interdire de statuer sur les questions qui lui sont posées, En tout cas, il faut au moins que le projet Rollin soit renvoyé au bureau pour qu'il l'inscrive à l'ordre du jour du prochain Congrès et appuyé par le Congrès actuel d'un avis favorable.

M. *Rollin* se rallie à cette proposition.

Le *Président* donne lecture de l'article 9 des statuts. En vertu de cet article, il ne peut être ni délibéré ni voté sur une question non inscrite à l'ordre du jour. Or si l'on émet aujourd'hui un avis favorable, on se prononce par là même sur le fond, et cela sans qu'il y ait eu discussion. Ce n'est pas au Congrès, mais aux fédérations particulières qu'il appartient de proposer les éléments de l'ordre du jour du prochain Congrès. La proposition de M. Rodrigues ne peut être mise aux voix.

M. *Steck* appuie ces observations.

M. *Rodrigues* insiste.

L'Assemblée, consultée, décide de passer à l'ordre du jour.

M. *Buchenaud* dépose la motion suivante :

« *Le Congrès émet le vœu que les membres de toutes les catégories du personnel de l'enseignement secondaire des garçons et des jeunes filles, professeurs, chargés de cours, maîtres élémentaires et répétiteurs, soient électeurs et éligibles à tous les Conseils universitaires et y aient des représentants spéciaux.* »

Cette motion est adoptée.

IV. Classes d'une heure. — Le Président rappelle que les Congrès des professeurs ont déjà, dans ces dernières années, adopté, sur ce point, plusieurs propositions. Il donne lecture des vœux dans lesquels le Congrès de 1902 demandait le maintien de la classe de 2 heures qui seule se prête à un enseignement éducatif, au développement des exercices pratiques ou des interrogations et à l'intervention active des élèves dans le travail de la classe.

M. *Feignoux* dépose la motion suivante :

« Le Congrès émet le vœu que dans le cycle supérieur la durée des classes soit portée à 2 heures, ou qu' tout au moins une classe de 2 heures soit réservée à tout professeur ayant avec les mêmes élèves un minimum hebdomadaire de 5 heures de service. »

M. *Steck* fait des réserves pour les professeurs de langues vivantes : Deux heures de classe consécutives, avec la méthode directe, seraient épuisantes.

MM. *Breuil* et *Feignoux* appuient l'observation de M. Steck ; mais ils pensent que la classe de 2 heures est nécessaire aux autres enseignements

M. *Lestang*, au nom des fédérations des collèges de Bordeaux et de Toulouse, propose un autre texte, signé également par MM. *Clarou* et *Rollin : Le Congrès émet le vœu que dans chaque établissement l'Assemblée des professeurs ait seule qualité pour fixer la répartition des heures de service et déterminer la durée des classes pour chaque enseignement.*

M. *Clément* fait une autre proposition :

« Considérant que la classe d'une heure a une tendance marquée à disperser l'intérêt des études et à donner à l'enseignement un caractère essentiellement encyclopédique ;

« Considérant qu'elle a été, sans l'avis des assemblées des professeurs, presque intégralement introduite dans les deux cycles ;

« Le Congrès national de l'Enseignement secondaire propose le retour à la classe d'une heure et demie dans le second cycle, et réclame la consultation préalable desdites assemblées. »

Plusieurs membres protestent contre le rétablissement de la classe d'une heure et demie.

M. Peyrot fait remarquer que des instructions ministérielles portent que dans certains cas les classes de 2 heures peuvent être rétablies après consultation de l'Assemblée des professeurs. Il faudrait que ces instructions fussent respectées.

M. Monin fait observer que le congrès des professeurs de 1904 a voté à propos de cette question le texte suivant qu'on devrait reprendre purement et simplement :

« Le Congrès demande que la durée de la classe soit fixée après avis de l'assemblée des professeurs régulièrement constituée. On se conformerait ainsi aux vœux émis par les Congrès précédents et aux instructions ministérielles, qui ont prévu une organisation assez souple pour se plier à toutes les exigences résultant de l'âge des élèves et de la nature des divers enseignements. »

MM. Rollin, Rodrigues insistent pour le vote de la motion Lestang

Elle est adoptée.

VI. Réduction des Tarifs de Chemins de fer. — Sur la proposition de *M. Clarou* le vœu suivant est adopté sans discussion : « *Le Congrès émet le vœu que* « *le bureau de la Fédération nationale fasse* « *en temps opportun les démarches néces-* « *saires auprès des diverses compagnies de* « *Chemins de fer pour qu'il soit accordé aux* « *congressistes une réduction sur le prix* « *des places.* »

VII. Incident — L'ordre du jour étant épuisé, *M. Monin* (Rollin) demande à lire une motion qu'il désire soumettre au vote du Congrès.

Une vive discussion s'engage aussitôt. Un certain nombre de membres demandent la clôture immédiate de la séance. Finalement la lecture de cette motion est autorisée. M Monin et les autres signataires demandent que le Congrès, pour témoigner sa reconnaissance à l'auteur de la loi de 1901 qui a institué la liberté d'association dont les professeurs profitent en ce moment, engage les diverses fédérations et associations à participer à la souscription ouverte par l'alliance républicaine démocratique pour élever un monument à Waldeck-Rousseau, auteur de cette loi.

Le *président* déclare que M. Monin a eu toute liberté pour lire sa motion. Mais de même que les autres propositions qui ont été faites en dehors de l'ordre du jour ont dû être écartées, celle-ci ne lui paraît pas pouvoir être discutée en séance.

M. Boucher demande le vote de la question préalable. Le vœu lui paraît avoir un caractère politique Quelles que soient les opinions des membres du Congrès, ils ne doivent pas permettre qu'on se livre à des manifestations politiques au sein des Assemblées universitaires.

M. Girod déclare que la motion n'a pas de caractère politique. Il a déjà circulé à plusieurs reprises dans les lycées et les collèges, avec l'assentiment de l'Administration, des listes de souscription analogues, en l'honneur d'hommes publics ayant rendu de grands services à l'Université, sans que personne ait vu là de manifestation politique. L'université, qui a connu des jours très durs, doit à Waldeck-Rousseau une liberté d'association dont elle n'avait jamais joui. Il n'est que juste qu'elle lui en témoigne sa reconnaissance.

MM. *Monin* et *Rodrigues* appuient cette déclaration.

Un grand nombre de membres ayant quitté le Congrès, le scrutin sur la question préalable ne réunit que 2170 voix. La question préalable est repoussée par 1121 voix contre 562 et 487 abstentions.

Le *président* considérant que ce vote implique le désir de l'Assemblée d'ouvrir la discussion sur la motion, et que d'autre part cette discussion est contraire au règlement, prie le Congrès de désigner un autre membre pour achever de présider la séance.

M. *Canat* s'associe à la décision du président.

M. *Girod* accepte la présidence.

M. *Santiaggi* (Carcassonne) prie les auteurs de la proposition de la retirer. Elle a jeté le désordre dans le Congrès : Si elle est adoptée, elle risque de diviser aussi les associations régionales et locales.

M. *Steck* demande la clôture de la séance.

M. *Rodrigues* estime que le rejet de la question préalable a donné satisfaction aux auteurs de la motion ; dans ces conditions ceux-ci, par esprit de conciliation, consentent à la retirer pour la soumettre à leurs collègues hors séance.

L'assemblée prie M. *Bernès* de remonter au bureau. Il remercie ses collègues de cette marque de sympathie, et ajoute qu'à son avis le président doit être intransigeant sur le respect dû au règlement.

Il met ensuite aux voix la clôture du Congrès, qui est adoptée.

La séance est levée à 4 heures.

Le compte rendu a été rédigé par le secrétaire du Congrès, M Fedel, d'après les notes prises par lui pour la 1re séance, et d'après les notes prises par MM. Canat et H. Bernès pour le 2e et la 3e.

STATUTS

de la
Fédération Nationale Générale des Membres de l'Enseignement
Secondaire Public

ARTICLE 1. — Il est constitué une Fédération nationale des membres de l'Enseignement secondaire public, professeurs(1), répétiteurs, répétitrices en activité, en congé régulier, ou en retraite.

ART. 2 — La Fédération nationale est placée sous le régime des articles 5 et 6 de la loi du 1er juillet 1901.

Son siège social est à Paris, au domicile du président.

ART. 3. — Elle a pour objet l'étude des questions relatives à l'enseignement secondaire public et à son personnel, la défense des intérêts professionels de ses membres et l'exécution par toutes voies de droit des décisions fédérales.

ART. 4. — Elle se compose de toutes les fédérations nationales particulières existantes de fonctionaires de l'enseignement secondaire public, qui adhèrent à ses statuts.

Ces Fédérations s'organisent elles mêmes comme elles l'entendent, élisent leur bureau, règlent leur budget, délibèrent en Congrès, agissent pour la défense de leurs intérêts propres.

ART. 5. — Le budget de la Fédération nationale est assuré par une subvention versée annuellement par chaque Fédération adhérente, à raison de 0 fr. 25 par membre.

ART. 6. — La Fédération nationale est représentée par une commission centrale et un Congrès. La commission centrale est formée par la réunion des Bureaux des Fédérations particulières. Chaque bureau, quel que soit le nombre de ses membres, n'y dispose que d'une voix. Aucune décision ne peut y être valablement prise que si elle réunit l'unanimité des bureaux.

Le bureau de la commission centrale est composé des présidents des bureaux des fédérations particulières ou de leurs représentants en nombre égal de membres de chaque Fédération. Le Président élu par le bureau est le

____

(1) Ce terme comprend, outre les agrégés, les chargés de cours, les maîtres élémentaires et primaires.

Président de la Fédération nationale. — Le Président est élu pour 1 an et rééligible.

La commission centrale est chargée de suivre l'exécution des décisions prises par le Congrès général. Elle prend toutes iniatives nécessaires et en est responsable devant le Congrès.

ART. 7. — Les délibérations de la Fédération nationale ont lieu dans un Congrès annuel convoqué par la commission centrale, à la date et au lieu fixés par le précédent Congrès.

ART. 8 — Le projet d'ordre du jour du Congrès est communiqué, au moins 2 mois avant sa réunion, aux membres de la Fédération nationale, par l'intermédiaire de chaque Fédération nationale particulière. Ce projet mentionne obligatoirement toute question proposée par une de ces Fédérations.

ART. 9. — Les Fédérations nationales particulières sont réunies en Congrès par leur Bureau, au moins un jour avant la date fixée pour le Congrès général. Chaque Fédération nationale particulière délibère en son Congrès sur le projet d'ordre du jour et peut maintenir ou écarter toute question qui y figure. La commission centrale établit l'ordre du jour définitif, y inscrit nécessairement et exclusivement les questions acceptées par toutes les Fédérations nationales particulières. Il ne peut être délibéré ni voté sur aucune autre.

ART. 10. — Le vote a lieu par Fédération nationale particulière. Chaque Fédération émet son avis, détermine à la majorité absolue des suffrages de ses membres. Aucune résolution ne peut être valablement prise si elle ne réunit l'unanimité des voix, chaque Fédération disposant d'une voix.

ART. 11. — Des ententes particulières qui n'engagent pas la Fédération nationale, peuvent intervenir entre les diverses Fédérations.

Sur toute question pouvant diviser diffé-

rentes Fédérations, nulle d'entre elles ne prendra une initiative avant d'avoir avisé le bureau de la fédération nationale générale.

ART. 12. — La dissolution de la Fédération nationale générale ne pourra être décidée que par un Congrès, qui fixera l'emploi des fonds restant en caisse après liquidation du passif.

CONGRÈS DES PROFESSEURS
Représentations

Académie de Paris

J. F. — A. de Paris	Mlles Giraud Leroux Mourgues Sizaret	104 voix
	M. H. Bernés (Versailles)	26
Reims Epernay	Mlles Marais	14 —
Montargis	Ras	8 —
Saint-Germain	Mme Vimeux	7 —
Lyo. — Carnot	Fallex	30 —
Charlemagne	Goulin Perris Marolle	36 —
Condorcet (mixte)	Berthet	22 — 14 —
Janson	Moniot	76 —
Louis-le-Grand	M. Bernés	40 —
Lakanal	H. Bernés	22 —
Michelet (mixte)	Thomas	26 —
Montaigne (»)	Poirier	53 —
Rollin (») (54 pr. 11 rep.)	Monin Fedel Bougies Kister Tourren Patte Bourgin	65 —
Beauvais	Bisson Farand	23 —
Chartres	Nouvel	25 —
Reims	Van Tieghem	27 —
Vendôme (mixte)	Cans	23 —

Coll. — Fédération nation^{le} *Bonin*   248 voix

Châlons	*Barthélemy*	19 —
Epernay		13 —
Fontainebleau	*Clarou*	18 —
Melun	*Budelot*	16 —
Montargis (mixte)	*Noailles*	14 —

Académie d'Aix-Marseille

J. F. — Aix		
Avignon	*Mlle Genevois*	45 —
Nice		
Marseille	*Mme Girbal*	52 —
Lyc. — Fédération	*Crémieux*	334 —
Digne	*Zivy*	23 —
Coll. — Fédération	*Bécar*	158 —

Académie de Besançon

Lyc. — Belfort (mixte)	*Boucher*	28 —
Lons-le-Saunier	*Mairey*	18 —
Vesoul	*Zivy*	14 —
Coll. — Fédération	*Pelot*	125 —

Académie de Bordeaux

J. F. — Bordeaux	*Peyrot*	20 —
Lyc. — Agen	*Dauzère*	22 —
Bordeaux	*Peyrot* / *Trémolet*	78 —
Coll. — Fédération	*Leslang*	108 —

Académie de Caen

J. F. — Le Havre		
Caen	*Mlles Boué*	98 —
Cherbourg		
Lisieux		
Le Mans	*Langgaesser*	6 —
Rouen	*Decroix*	16 —
Lyc. — Alençon	*Deschamps*	47 —
Le Mans		
Caen	*Mathiez*	58 —
Cherbourg		
Coutances	*Robineau*	18 —
La Flèche	*Jacquet*	30 —
Le Hâvre	*Enoch*	29 —
Rouen	*Girod*	50 —

Coll. — Collèges de l'Acad. *Lavieuville* 156 voix

| Vire | *Guy* | 14 — |

Académie de Chambéry

| Coll. — | ? | 20 — |

Académie de Clermont

J. F. —		
Lyc. — Fédération	*Pradines*	268 —
Coll. —		
Lyc. — Clermont	*Lerouge*	35 —
Guéret	*Leroux*	21 —
Montluçon	*Feignoux*	25 —

Académie de Dijon

J. F. — Auxerre	*Mme Lévy*	12 —
Beaune		
Dijon	*Mlle Plicque*	26 —
Troyes		
Lyc. — Chaumont	*Pasquier*	24 —
Dijon	—	42 —
Nevers	—	23 —
Troyes	—	24 —
Sens	*Isaac*	19 —
Coll. — Fédération	*Lévy*	120 —
Beaune	*Dubois*	» —

Académie de Grenoble

J. F. —		
Lyc. — Fédération	*Navarre*	247 —
Coll. — (y compris Annecy)		
J. F. — Grenoble	*Mlle Gauthiot*	25 —
Coll. — Vienne	*Rollin*	22 —

Académie de Lille

J. F. — Abbeville	*Mlles Dubois*	24 —
Amiens	*Minolle*	18 —
Armentières	*Ras*	11 —
Douai	*Gayraud*	12 —
Laon	*Baudier*	10 —
Lille	*Mallon*	35 —
La Fère	*Gayraud*	9 —
Saint-Quentin	*Mehl*	16 —
Valenciennes	*Saladin*	9 —
Lyc. — Saint-Omer	*Zivy*	20 —
Charleville	—	21 —
Valenciennes	—	23 —

Lyc. — Douai	Lefebvre	26 voix
Tourcoing	Delaruelle	21 —
Amiens	Rodrigues } Foubert	30 —
Laon (mixte)	Pescher } Téry	10 —
Lille	Mineur } Blum } Husson	42 —
Saint-Quentin	Douin } Cordier	21 —
Coll. — Fédération	Mariage	319 —

Académie de Lyon

J. F. —		
Lyc. — } Fédération	Sueur	200 —
Coll —		
Lyc. — Mâcon	Zivy	7 —

Académie de Montpellier

J. F. — Montpellier	Mᵐᵉ Bérard	20 —
Nimes	Mˡˡᵉ Babut	16 —
Lyc. — Fédération	Buchenaud	100 —
(Alais, Montpellier, Nimes)		
Carcassonne	Santiaggi	24 —
Coll. — Fédération	Barthélémy	211 —

Académie de Nancy

Lyc — Nancy	Morizet	52 —
Bar-le-Duc	—	21 —
Coll. — Fédération	Chabert	160 —

Académie de Poitiers

J. F. — Limoges	Mˡˡᵉˢ de Burine	13 —
Niort	Coustois	12 —
Poitiers	Chaigneau	11 voix
Tours	Jodelle	11 —
Lyc. — Angoulême	Lévy	27 —
Châteauroux	Stavlaux	22 —
La Rochelle	Marc	23 —
La Roche-s-Yon	Lévy	18 —
Niort	Wirth	22 —
Poitiers	Garnier	28 —
Tours	Lévy	30 —
Coll. — Fédération	Le Bourgo	165 —

Académie de Rennes

J. F. — Saumur	Mˡˡᵉ Bardenat	12 —
Lyc. — Fédération	Canat	164 —
Brest (mixte)	H. Bernès	48 —
Laval	Meyer	21 —
Nantes	Petitot	59 —
Quimper	Weill	24 —
Coll. — Fédération	Le Nestour	158 —

Académie de Toulouse

J F. — Toulouse	Mˡˡᵉ Taillade	20 —
Lyc. — Albi	Guignebert	20 —
Cahors	Vidal	20 —
Foix	Morère	23 —
Montauban	Guignebert	24 —
Rodez	—	20 —
Tarbes	—	24 —
Toulouse	—	53 —
Coll. — Fédération	Lestang	182 —

Académie d'Alger

Lyc. — Alger (mixte)	H. Bernès	66 —
Oran (»)		43 —
Coll. — Bône	—	49 —

LE MANS
Imprimerie Coop. Ouvrière
2, Rue du Greffier, 2
FÉDÉRATION DU LIVRE
Le Mans - 12ᵉ Sect
MARQUE SYNDICALE

LE MANS
Imprimerie Coop. Ouvrière
2, Rue du Greffier, 2

9 782016 142639